Rike Wolf

111 Orte
in Hamburg,
die man gesehen
haben muss

emons:

Für meinen geliebten Tom,
der mich auf seinem Motorrad durch Hamburg gefahren hat

Bibliografische Information der Deutschen Nationalbibliothek
Die Deutsche Nationalbibliothek verzeichnet diese Publikation
in der Deutschen Nationalbibliografie; detaillierte bibliografische
Daten sind im Internet über http://dnb.d-nb.de abrufbar.

© Emons Verlag GmbH
Alle Rechte vorbehalten
Gestaltung: Eva Kraskes, nach einem Konzept
von Lübbeke | Naumann | Thoben
Kartografie: altancicek.design, www.altancicek.de
Druck und Bindung: Grafisches Centrum Cuno, Calbe
Printed in Germany 2020
Erstausgabe 2012
ISBN 978-3-7408-0775-7
Aktualisierte Neuauflage April 2020

Unser Newsletter informiert Sie
regelmäßig über Neues von emons:
Kostenlos bestellen unter
www.emons-verlag.de

Vorwort

Eine vornehme Schönheit wie die Hansestadt Hamburg erzählt nicht gleich jedem alles über sich. Doch wer sie liebt, dem zeigt sie ihre Geheimnisse, die in keinem Reiseführer stehen. Wussten Sie, in welcher Schule sich Helmut und Loki Schmidt als Kinder kennenlernten oder was am Mittelpunkt von Hamburg steht? Auf der Entdeckungsreise zu 111 verrückten, unheimlichen und wunderschönen Orten erwartet Sie die Bergziege zu einer Tour durchs Blankeneser Treppenviertel. Von dort geht's nach Övelgönne, wo eine uralte Truhe aufgetaucht ist, in die man schaudernd einen Blick auf Störtebekers bleiche Schenkelknochen werfen kann.

Sie können sich aber auch an den Kemal-Altun-Platz führen lassen, den es offiziell gar nicht gibt, obwohl dort eine Phantasiewelt steht, die Kinder aus Ottensen gebaut haben. Dafür findet man im Hamburger Stadtteil Neuwerk nicht nur Bernstein, sondern sogar echte Seehunde. Oder möchten Sie lieber die romantische Villa von Hans Albers entdecken, die nicht mal die Nachbarn kennen? In der Altstadt dagegen treffen Sie drei ausgekochte Hamburger Bodyguards, die jeden Tag blau sind vom Alsterwasser trinken.

So ganz nebenbei werden die bestgehüteten Geheimnisse der Elbmetropole gelüftet. Haben Sie gewusst, dass Wasserträger Hummel, der immer »Mors, Mors« gesagt hat, in Wirklichkeit gar nicht der echte Hummel war? Oder wo cs in Hamburg Sommergarderobe gibt, an der sich Moskitos den Stachel abbrechen? Hamburg wandelt sich und bleibt sich dabei treu. Als vor über 100 Jahren die Speicherstadt gebaut wurde, taufte Alfred Lichtwark Hamburg auf den Namen »Freie und Abrissstadt Hamburg«. Heute ist der Hafen wieder eine große Baustelle, auf der sich die ehrgeizigen Projektplaner der HafenCity überbieten.

Dieses Buch ist für alle, deren Herz an Hamburg hängt. Es erzählt vom Hafen, seinen Reedern und ganz normal außergewöhnlichen Hamburgern, die ihre Stadt zum Elbjuwel gemacht haben.

111 Orte

1 Das Alsterschöpfwerk

Vom Fluss in den Strom

In einer kleinen Straße mit Namen Herrlichkeit, gleich hinter Europcar, steht das Alsterschöpfwerk neben der Schaartorschleuse. Die drei imposanten Pumpen sind Hamburgs stärkste Bodyguards und vertragen so einiges mehr an Alsterwasser, als jeder Matrose im Hafen. Weil die drei so schön blau sind, sieht man sie schon von Weitem in ihrem Glaspavillon. »Pegel halten« steht außen dran, und den halten die drei so tüchtig, dass sie seit ihrem ersten Einsatz im Jahr 1967 nicht einmal repariert werden mussten.

Bis zur Sturmflut 1962 waren die Alstermündungen tideoffen und konnten vom Hochwasser der Elbe überflutet werden, erst danach erhielten sie Sturmflutsicherungen. Das Alsterfleet wurde zum Hauptschifffahrtsweg zwischen Außenalster und Elbe ausgebaut. An der Mündung zwischen beiden Gewässern liegt die Schaartorschleuse. Damit der Wasserstand bei ein- und ausfahrendem Schiffsverkehr konstant bleibt, hat sie eine Schiffsschleuse mit zwei großen Kammern. Außer dem sogenannten Freigerinne, dem natürlichen Ablauf des Wasserstands, können auch die beiden Schleusenkammern zur Hochwasserableitung in die Elbe eingesetzt werden.

Normalerweise fließt das Alsterfleet bei Niedrigwasserstand der Elbe einfach ab, aber manchmal steht selbst das Niedrigwasser dafür noch zu hoch.

Damit der Pegel im Fleet dann trotzdem unter Kontrolle bleibt, wurde das Alsterschöpfwerk gebaut. Seine drei bärenstarken Pumpen drücken alles, was an Alsterwasser zu viel ist, mit einer Leistung von je 12 Kubikmetern Wasser pro Sekunde und 4,5 Metern maximaler Förderhöhe in die Elbe zurück. Am Bildschirm behalten derweil die Männer der Schaartorschleuse den Wasserstand an der Rathausschleuse im Auge, denn von dort fließt das Wasser weiter zum Alsterschöpfwerk. Beim ersten Anzeichen für Überflutung wird das Hochwasserschutztor dichtgemacht, damit Hamburg schön trocken bleibt.

Auf dem Gerät zu lesen: **BBC** · **KSB** Schöpfwerkspumpe **II**

Adresse Herrlichkeit 1, 20459 Hamburg-Altstadt | **ÖPNV** Bus 286, Haltestelle Halbmondsweg; oder Bus 36 oder 112 | **Tipp** Auf Anfrage kann man die Schaartorschleuse auch von innen besichtigen, Informationen unter Tel. 040 / 428262643.

2 Der alte Schwede

Zurück aus der Steinzeit

Als der alte Schwede sich auf den Weg nach Hamburg machte, waren große Teile Mitteleuropas von Gletschern bedeckt. Auf dem Festland umspannte die Vergletscherung Tausende Quadratkilometer Fläche und ließ kilometerdickes Eis wachsen. Diese Schicht war eine zähe Masse, die langsam seitlich zu fließen begann und in flachem Gelände von ihrem eigenen Gewicht angeschoben wurde. Man geht davon aus, dass ihre Mitte über Schweden lag. Von dort floss das Eis in alle Richtungen ab, deshalb gelangte nach Mitteleuropa überwiegend schwedisches Gestein. Die Eismasse schob sich vorwärts, bis der Rand des Gletschers eine Klimazone erreichte, in der sich winterliche Vereisung und sommerliches Abschmelzen die Waage hielten.

Solche Stellen, an denen der Gletscherrand längere Zeit stabil blieb, führten zur Entstehung von Endmoränen, wie dem steil abfallenden Geesthang am westlichen Elbufer. Wo das Schmelzwasser des Eises abfloss, entstanden Urstromtäler. Viele von ihnen führen längst kein Wasser mehr, doch das Elbe-Urstromtal wurde zum Flussbett der Elbe.

In die eiszeitlichen Gletscher waren Sand und Steine eingeschlossen. Dieses mitgeschleppte Geröll wird Geschiebe genannt und liefert wichtige Hinweise auf den Ursprung des Gletschers. An der Nordseite des Findlings erkennt man Gletscherschrammen anderer Felsbrocken, die am Gestein entlang geschoben wurden.

Die Reise des alten Schweden begann in Skandinavien. Sein Gestein weist unverwechselbare Merkmale auf und wird deshalb als Leitgeschiebe bezeichnet. Hamburgs schwergewichtiger Einwanderer besteht aus grauem Växjö-Granit. Damit gilt die Zugehörigkeit des großen Findlings zu den Graniten Ostsmålands in Schweden als gesichert. Der alte Schwede ist der bislang größte Findlingsfund Deutschlands und wurde in Anwesenheit des schwedischen Konsuls im Sommer 2000 mit Elbwasser getauft.

Adresse Elbstrand Övelgönne, 22605 Hamburg-Othmarschen | ÖPNV Bus 36, 112 oder 286, Haltestelle Halbmondsweg | Tipp Einen Steinwurf vom alten Schweden entfernt hat im Sommer die Strandperle geöffnet.

3 — Der älteste Baum von Hamburg

Eibe mit Weile

Von manchen Experten wird ihr Alter auf über 1.000 Jahre geschätzt. Doch selbst wenn man von gesicherten 800 bis 850 Jahren ausgeht, ist die gut zehn Meter hohe Eibe am Neuländer Elbdeich der älteste Baum von Hamburg. Als sie im frühen 12. Jahrhundert Wurzeln schlug und zu wachsen begann, war man in Hamburg noch dabei, durch Eindeichung Land zu gewinnen. Die Eibe ist als Naturdenkmal ausgezeichnet worden, bis heute als einziger Baum der Stadt.

Heute steht Hamburgs uralte Eibe in der Einfahrt eines Privatgrundstücks, ist aber nicht umzäunt und kann von der Straße aus bewundert werden. Der Stamm weist stolze drei Meter Umfang auf, und wer näher kommt, glaubt einen Zaubertrick zu sehen: Von den Wurzeln bis zum Wipfel ist der Baum innen hohl! Nur ein paar feste Ringe aus Eisen stützten und stabilisieren ihn. Trotzdem sieht die Eibe so frisch und gesund aus, dass man sich beinahe fragt, wozu Bäume eigentlich überhaupt einen Stamm brauchen.

Das Wunder ist leicht zu erklären, denn für den Baum ist das Innere des Stamms nur von geringer Bedeutung. Dort befindet sich das sogenannte Kernholz, das einen großen Teil seines Gewichts ausmacht, aber sonst keine Funktion erfüllt. Für Wachstum und Erhalt benötigt der Baum das Splintholz außen am Stamm, wo die Leitungsbahnen verlaufen und Nährstoffe gespeichert werden.

Vielleicht ist es sogar ein Ausdruck von Weisheit, dass sich die Eibe in ihrem hohen Alter von allem Überflüssigen gelöst hat und sich auf das Wesentliche zu beschränken weiß. Gesundheitlich ist sie jedenfalls voll auf der Höhe. Ihr Kambium, die Wachstumsschicht zwischen Rinde und Holz, ist unbeschädigt, Rinde und Bast ebenso. Zwar hat nur der äußere Teil des hohlen Baumes noch Wurzeln, doch in denen steckt jede Menge Kraft. Nicht nur hält sich die Eibe so gerade wie eine Eins, sie bekommt auch Jahr für Jahr junge Triebe!

Adresse Neuländer Elbdeich 198, 21079 Hamburg-Neuland | **ÖPNV** Bus 149, Haltestelle Alte Schule | **Tipp** Unbedingt empfehlenswert ist das Buch von Harald Vieth »Hamburger Sehenswürdigkeiten: Bäume«. Der Autor veranstaltet Baumführungen durch Hamburg, Informationen unter www.viethverlag.de.

4 Das Altonaer Museum

Zu uns gehört, wer bei uns lebt

Die Frage, was Heimat eigentlich sei, beschäftigt das Altonaer Museum seit jeher. Seinen heutigen Standort zwischen Rathaus und Stuhlmannbrunnen hat das Haus seit 1901. Schon damals dokumentierte das Museum der Altonaerinnen und Altonaer Leben und Handel an der Elbe. Lebendig und anschaulich wird die Welt der Schifffahrt gezeigt, bei der es in Altona vor allem um Fischerei und den Arbeitsalltag der Fischer und Walfänger geht.

Immer war Altona eine Stadt der Zuflucht für Andersdenkende und Vertriebene. Im harten Winter 1813 trieben Napoleons Soldaten auf Befehl des eisernen Generals Louis-Nicolas Davout alle Bürgerinnen und Bürger aus der Stadt, deren Vorräte nicht ausreichten, sie über den Winter zu bringen. Es war die damals noch dänische Stadt Altona unter ihrem Oberpräsidenten Blücher, die die Vertriebenen aufnahm und rettete.

»Es gibt keine Fremden, sondern nur Freunde, die du noch nicht getroffen hast«, lautet ein berühmtes Wort des Dalai Lama. Es könnte der Haussegensspruch des Altonaer Museums sein. Aus der Frage, wie man ein neues Zuhause in einer fremden Stadt finden kann, entstand die Kinderausstellung »Zuhause in Altona«. Auch die Ausstellung »Heimat finden in Hamburg und Altona« entstand aus dem Anliegen, die Ankunft Geflüchteter als Zeitgeschichte zu dokumentieren.

Um den Besuchern den rasanten Wandel der Welt nachvollziehbar zu machen und sie miteinander ins Gespräch zu bringen, zeigt das Altonaer Museum Leben und Alltag heutiger Vertriebener, die nach Altona und Hamburg gefunden haben. Bei einem gelungenen Museumsbesuch unterhält man sich miteinander über Neues, das man aus der Ausstellung erfahren hat und darüber, was einen besonders berührt hat. Und mit einem Mal gehen einen andere, die man vorher nicht kannte, etwas an. Was natürlich auch Freude macht. Schließlich hat Walter Benjamin nicht umsonst gesagt: »Nicht gelehrter soll der Besucher eine Ausstellung verlassen, sondern gewitzter.«

Adresse Museumstraße 23, 22765 Hamburg | **ÖPNV** S 1, S 3, S 11 und S 31 bis Altona | **Öffnungszeiten** Mo, Mi, Do, Fr 10–17 Uhr, Sa, So 10–18 Uhr, Di geschlossen; Eintrittspreise: 8,50 Euro, ermäßigt 5 Euro, freier Eintritt für Jugendliche unter 18 Jahren und Kinder | **Tipp** Das Museumscafé »Schmidt und Schmidtchen« hat an sieben Tagen die Woche von 9–18 Uhr geöffnet.

5 Der Archäologische Wanderpfad

Es war einmal, vor 14.000 Jahren ...

Unter Kultur versteht man in Hamburg alles andere als Faustkeile und Feuersteine, doch erdgeschichtlich bezeichnet der Begriff »Hamburger Kultur« eine uralte Epoche aus der Steinzeit. Damals begannen Nomadenstämme, die Norddeutsche Tiefebene zu besiedeln. Jäger folgten den großen Rentierherden bis zum Rand der Vereisungszone und jagten sie mit Speeren und Speerschleudern.

Bei Ausgrabungen in Hamburg-Meiendorf stieß man auf Pflanzenpollen, die von Sonnenpflanzen (Heliophyten) wie Zwergbirke, Weide, Sanddorn, Wacholder und Beifuß stammten. Die Funde belegen, dass die Sommer damals plötzlich deutlich wärmer geworden sind. Wissenschaftler nennen diese Epoche das »Meiendorf-Interstadial« (12.500 – 11.850 v. Chr.). Der deutliche Anstieg der damaligen Temperaturen markiert den Beginn der Besiedelung Norddeutschlands. In der Fischbeker Heide kann man in einer eindrucksvollen Freiluftausstellung Zeugnisse der ersten Siedler auf Hamburger Grund und Boden besichtigen. Um die Denkmäler aus der Bronze- (2.300 – 800 v. Chr.) und Eisenzeit (ab 800 v. Chr.) herum hat das Hamburger Helms-Museum den »Archäologischen Wanderpfad Fischbeker Heide« eingerichtet.

Der rund drei Kilometer lange Spaziergang wird durch aufgestellte Tafeln kommentiert, bei geführten Wanderungen sagen die Museumsmitarbeiter noch jede Menge Wissenswertes dazu. Einige der Megalithanlagen sind im Originalzustand erhalten, andere wurden restauriert und zeigen zum Anfassen nah die Arbeit der Archäologen. Zur Vorbereitung wie zum Nachlesen empfiehlt sich ein kurzes Kiek-in im reetgedeckten ehemaligen »Schafstall«, den die Stiftung Naturschutz Hamburg und die Stiftung Loki Schmidt betreuen. Hier erwarten die Besucher alle wichtigen Informationen zu Archäologie und Volkskunde in der Fischbeker Heide.

Adresse Fischbeker Heideweg 43a, 21149 Hamburg-Neugraben-Fischbek | **ÖPNV** Bus 250, Haltestelle Fischbeker Heideweg | **Öffnungszeiten** März – Nov. Di – Fr 10 – 13 Uhr, So 12 – 17 Uhr, Sonn- und Feiertage 11 – 17 Uhr | **Tipp** Im Helms-Museum (Harburger Rathausplatz 5) lernt man, Werkzeuge, Schmuck und sogar Brot wie in der Steinzeit herzustellen.

6 Die Arp-Schnitger-Orgel von St. Jacobi

Nur ganz nebenbei bemerkt

Aus der ganzen Welt kommen Orgelliebhaber nach Hamburg, um mit eigenen Ohren den berühmten Klang der Orgel von St. Jacobi zu erleben. Sie ist die größte erhaltene Barockorgel Norddeutschlands, deren älteste Bestandteile sogar noch aus der Reformationszeit stammen. Ihren Namen verdankt sie Arp Schnitger, der das Instrument im 17. Jahrhundert um wertvolle Orgelpfeifen bereicherte.

Zu Beginn des 20. Jahrhunderts begründete Albert Schweitzer in Deutschland eine leidenschaftliche Reformbewegung des Orgelbaus, mit dem großen Ziel, die Konstruktion und den Klangreichtum barocker Orgeln im Originalzustand zu erhalten, statt sie durch neue Instrumente zu ersetzen. Schweitzer reiste nach Hamburg und untersuchte die Orgel von St. Jacobi. Anschließend mahnte er dringend, das Instrument sobald wie möglich instand zu setzen. Diesem Ruf folgte Hans Henny Jahnn, dem als Orgelbauer bereits internationale Anerkennung zuteil geworden war. 1923 begann er, die Barockorgel von St. Jacobi zu restaurieren. In vielen Briefen beriet er sich mit Albert Schweitzer, der ihn ermutigte und bestärkte. Doch Jahnns Arbeit blieb unvollendet. Seine Vision war zu phantastisch, und die Zahl seiner Gegner nahm ständig zu. Man warf ihm vor, dass seine Pläne übertrieben und seine Materialforderungen unbezahlbar seien.

Inzwischen ist das Werk vollbracht. Mit großem fachlichem und finanziellem Aufwand erfolgte Anfang der 1990er Jahre die Restaurierung des Instruments und wurde für Hamburg zu einem Welterfolg. Die Konzerte für Kirchenmusik in der St.-Jacobi-Kirche begeistern das Publikum. Als skurriles Andenken hat man den alten Spieltisch von Emerich Kolsma aufgehoben. Zwischen den 65 handgeschnitzten Registerköpfen – pardon, Registerknöpfen – entdeckt man auch Albert Schweitzer und Hans Henny Jahnn.

Adresse Jakobikirchhof 22, 20095 Hamburg-Altstadt | **ÖPNV** Metrobus 5, Haltestelle Gerhart-Hauptmann-Platz; U-Bahn 3, Haltestelle Mönckebergstraße | **Öffnungszeiten** April – Sept. Mo – Sa 10 – 17 Uhr, Okt. – März Mo – Sa 11 – 17 Uhr sowie So zum Gottesdienst um 10 Uhr; Orgelführungen Do 12 Uhr | **Tipp** Nur 350 Meter von St. Jacobi entfernt kann die Hauptkirche St. Petri besichtigt werden.

7 Die Ätherwelle

Aither und Gaia

Der Hamburger Bildhauer Friedrich Wield ist heute beinahe in Vergessenheit geraten, dabei war er ein bedeutender Künstler seiner Zeit. Mehrere Jahre verbrachte er in Paris, wo ihm kein Geringerer als Auguste Rodin eine handschriftliche Empfehlung ausstellte: »Ich bescheinige hiermit, daß Friedrich Wield großes Talent besitzt und daß er die unbedingte Unterstützung durch seine Vaterstadt beanspruchen darf.«

Friedrich Wield gehörte zur Hamburgischen Sezession und erhielt vom Senat 1931 den Auftrag für ein Denkmal zu Ehren des Hamburger Physikers Heinrich Hertz. Das Ergebnis war beeindruckend. In außergewöhnlicher Lebendigkeit zeigt die »Ätherwelle« die Götter Aither und Gaia. Wenn man davorsteht, glaubt man, Aither werde im nächsten Moment abheben und mit ausgebreiteten Armen durch den Eichenpark fliegen. In der griechischen Mythologie vertritt er den Himmel, das Element des Geistes und der Seele, während Gaia als Göttin der Erde und der Materie verehrt wurde. In Gegenbewegung zu Aither nimmt sie mit umschließenden Armen alles Leben zurück in ihren Schoß. Es sieht aus, als ob der Schwung beide Figuren gegeneinander entlädt. Sie versinnbildlichen damit die Entstehung des Funkens, die Heinrich Hertz an entgegengesetzt geladenen Kugeln beobachtet hatte.

1933 hatte Friedrich Wield das Modell für die Ätherwelle vollendet. Die Skulptur konnte in Bronze gegossen werden, doch die Nazis stoppten die Fertigstellung. Ein Denkmal für den jüdischen Physiker Hertz passte ihnen nicht. Weder bezahlten sie Wield für seine geleistete Arbeit, noch erhielt er neue Aufträge. Von finanzieller Not und der Feindseligkeit der Nazis bis ans Ende seiner Kräfte erschöpft, setzte der Bildhauer seinem Leben ein Ende. Erst 1987 wurde das inzwischen restaurierte Modell der Ätherwelle in Bronze gegossen. Heute steht die Skulptur zum Gedenken an Heinrich Hertz im Eichenpark.

Adresse Rothenbaumchaussee 132, 20249 Hamburg-Harvestehude | **ÖPNV** U-Bahn 1, Haltestelle Hallerstraße | **Tipp** Auf dem Gelände der Berufsschule Uferstraße (U-Bahn 3, Haltestelle Hamburger Straße) steht »Die Startende« von Friedrich Wield.

8_ Der Arno-Schmidt-Platz

Nichts fürs Tandem

Groucho Marx wäre keinem Club beigetreten, der ihn als Mitglied akzeptiert hätte – wäre Arno Schmidt heute willens, den Arno-Schmidt-Platz zu billigen? Wie schlecht man mit dem Fahrrad hinkommt, wäre ihm, der mit seiner Frau meist auf dem Tandem unterwegs war, bestimmt sehr unangenehm aufgefallen.

Der Platz ist eine herbe Enttäuschung. In der Mitte ragen fünf Meter hoch die beiden Figuren »Mann und Frau« von Stephan Balkenhol empor. Sie sind ein dekoratives Geschenk der Stadt an die Zentralbibliothek und haben mit Arno Schmidt und seiner Frau Alice nichts zu tun. Nun war Arno Schmidt, der alles Dekorative wegließ, ja durchaus ein Mann mit langen Beinen. Warum setzt man nicht kurzerhand ein Brillengestell auf die Nase der linken Figur und stellt eine Ähnlichkeit zu Hamburgs großem Schriftsteller her? Zu teuer? Hätte man die Frau dafür weggelassen, dann hätte sich das schon gerechnet.

Am einfachsten hätte man das Paar getrennt. Auf dem Spielbudenplatz würde sich die Frauenfigur ganz gut machen, doch was hat sie auf dem Platz eines Schriftstellers zu suchen? Dort, wo an einen Menschen erinnert werden soll, kann man keine beliebigen Figuren aufstellen, ohne dass leicht ein peinlicher Eindruck entsteht. Wenn es eines Tages einen Helmut-Schmidt-Platz zum Andenken an den ehemaligen Bundeskanzler gibt, wird man dort selbstverständlich eine Skulptur sehen, die eindeutige Ähnlichkeit mit Hamburgs Ehrenbürger hat. Natürlich ohne eine Frau im roten Kleidchen daneben. Eine solche Entgleisung fiele keinem ein.

Auf dem Arno-Schmidt-Platz befindet sich die größte Bücherhalle Hamburgs. Er wurde im Jahr 2004 eingeweiht, als im historischen Bahnpostamt am Hühnerposten die Hamburger Zentralbibliothek einzog. Ihr Bestand umfasst die aus den Zeisehallen ausgelagerte Film- und Videobibliothek, internationale Tagespresse und Medien in über 20 Sprachen.

Adresse Arno-Schmidt-Platz, 20097 Hamburg-Altstadt | **ÖPNV** U-Bahn 1, Haltestelle Steinstraße | **Tipp** Das Geburtshaus des großen Hamburger Schriftstellers stand im Rumpffsweg 27. Es wurde 1943 zerbombt, heute erinnert eine Gedenktafel daran.

9 Der Außenmühlenteich

Landschaftszauber in Harburg

Wer ihn kennt, nennt ihn liebevoll »die kleine Alster«, und das lässt der Teich sich gern gefallen. Seinen richtigen Namen hat er von der alten Außenmühle, doch die steht längst nicht mehr. Erbaut im 16. Jahrhundert, wurde die Mühle schon 1930 abgerissen. Früher stand sie beim Außenmühlendamm, der das Wasser der Engelbek für den Mühlenbetrieb staute.

Ein spontaner Trip an die kleine Alster lohnt sich das ganze Jahr über. Hier geht's noch ganz ursprünglich und beschaulich zu. Der drei Kilometer lange Wanderweg führt rund um den Teich herum und ist für Ausflüge ein schöner Rahmen. Vom Außenmühlendamm aus geht es los, zum Abschluss stärkt man sich bei Kaffee und Kuchen im »Leuchtturm«. Am Ufer rasten Möwen in Grüppchen auf den Anlegern, sonnen sich behaglich und machen den Schnabel eigentlich nur auf, um sich von den Spaziergängern füttern zu lassen. Einige sind schon so zahm, dass man sie streicheln kann. Am Bootsanleger werden Tretboote vermietet, wer lieber zu Fuß weiter will, bleibt einfach auf dem Wanderweg.

An der Westseite des Außenmühlenteichs entlang führt der Weg in den Harburger Stadtpark. Auf der lauschigen Freilichtbühne finden bei schönem Wetter vor dem Wasser Open-Air-Festivals statt. Weiter nördlich kommt man zu den Themengärten, deren Anfänge in den 1930er Jahren angelegt wurden. Was damals als Schulgarten gedacht war, entführt heutige Parkbesucher auf eine Reise durch die Zeit.

In den »Gärten der Jahrtausende« sieht man die Gartenbaukunst des Barocks und der Renaissance. Im Sommer leuchtet die historische »Dahlienterrasse« im Farbenrausch, heute blüht dort eine märchenhafte Vielfalt an Blumen. Nebenan liegt der »Apothekergarten« und könnte mit seinen alten Heilpflanzen und duftenden Kräutern fast ein Hexengarten sein. Selbst ein Garten für Blinde ist dabei, in dem Stacheliges und Dorniges vorsichtig mit den Fingerspitzen betrachtet wird.

Adresse Harburger Außenmühlenteich, 21077 Hamburg-Harburg | **ÖPNV** Bus Linie 145 Haltestelle Außenmühle | **Tipp** Am Außenmühlenteich liegt das »Midsommerland«, ein kleines Freizeitbad im schwedischen Stil.

10___ Das Auswandererdenkmal
Auf nach Amerika

Die kleine, aber auffallende Skulptur erinnert an die Auswanderer, die über den Hamburger Hafen in die Neue Welt gelangten. Viele von ihnen kamen von sehr weit her, aus Osteuropa und Russland, nach Hamburg. Wie in einem Kaleidoskop zeigt die Künstlerin die Bedrängnis, in der diese Menschen lebten. Es wirkt, als sei das Denkmal zugleich ein Stück Auswandererschiff und ein Stück Lebensgeschichte der Auswanderer.

Man ahnt die gedrängte Dichte auf den Schiffen, deren schlimme hygienische Verhältnisse viele Passagiere das Leben kosteten. Aber auch die verzweifelte Anstrengung der Familien, sich in der Fremde aneinander festzuhalten und zusammenzubleiben, prägte die Erfahrung der Auswanderer. Oben steht einer, mit der Hand die Augen beschattend, als sähe er schon die Freiheitsstatue im Hafen von New York. Die meisten verließen Europa aus wirtschaftlicher Not. Oft waren es Handwerker und Bauern, die kaum noch ihre Familien ernähren konnten. Gerade junge Menschen lockte die Aussicht auf einen Neuanfang in besseren Verhältnissen. Viele waren mittellos, andere hatten ihren Besitz verkauft und wollten in Amerika fruchtbares Ackerland erwerben.

Der Hamburger Hafen spielte dabei eine bedeutende Rolle, von hier fuhren zwischen 1850 und 1934 fünf Millionen Menschen auf Auswandererschiffen nach Amerika. Bald darauf zwang der Hass der Nationalsozialisten unzählige politisch Verfolgte aus ganz Europa, ihre Heimat zu verlassen. Hier kann nicht von Auswanderung gesprochen werden, sondern von der gewaltsam erzwungenen Flucht vor sicherer Vernichtung.

Die Bronzeskulptur wurde von der Kroatischen Kulturgemeinschaft nachträglich angefertigt, nachdem das ursprünglich in Holz gefertigte Denkmal der Künstlerin Ljubica Matulec morsch geworden war. Sie ist ein Geschenk an die Stadt Hamburg zum 800. Hafengeburtstag und steht heute wieder auf ihrem alten Platz am Elbberg.

Adresse Elbberg, 22767 Hamburg-Altona | **ÖPNV** Bus 112, Haltestelle Elbberg | **Tipp** Zur Vertiefung der Thematik ist das Auswanderermuseum BallinStadt in Hamburg-Veddel zu empfehlen.

11___Die Ballin Villa

Des Kaisers Reeder

Sein Name ist mit dem Hamburger Hafen verknüpft wie kein anderer. Albert Ballin (1857 – 1918) stellte die Tradition der Passagierdampfer auf den Kopf und machte es für Millionen Auswanderer möglich, nach Amerika zu kommen. Mit 17 leitete er das Geschäft seines Vaters. Nie hätte er sich damals die märchenhafte Karriere träumen lassen, die vor ihm lag. Nur 25 Jahre später war er Generaldirektor der HAPAG und stieg zum erfolgreichsten Reeder seiner Zeit auf.

Die Hamburg-Amerikanische Packetfahrt-Actien-Gesellschaft (HAPAG) war 1847 gegründet worden und lieferte sich einen erbitterten Konkurrenzkampf mit der Union Linie und der Reederei Norddeutscher Lloyd in Bremen. Das große Geschäft war der Traum vom neuen Leben in Amerika, für den viele Auswanderer ihr letztes Geld gaben.

Ballin zog sogenannte Zwischendecks auf den Dampfern ein. Dadurch konnten seine Passagierschiffe weit mehr Fahrgäste aufnehmen, als die seiner Konkurrenz. Später schrieb er Geschichte, als er die Mittelmeer-Kreuzfahrten erfand. Ein Millionengeschäft für die HAPAG, ersonnen von ihrem Generaldirektor, um die Passagierschiffe optimal auszulasten.

Bis zur Abfahrt ihres Dampfers hielten sich die Auswanderer oft wochenlang im Hafen auf. Die hygienischen Verhältnisse waren katastrophal. Mit dem Bau seiner Auswandererhallen in Veddel bot Ballin den Passagieren bis zur Abfahrt ärztliche Versorgung und saubere Unterbringung.

Ballins Stadtvilla entwarfen die Hamburger Architekten Lundt & Kallmorgen im schnörkellos monumentalen Stil der Reformbaukunst. Damals überragte die Villa alle Häuser in der Nachbarschaft. Auf der imposanten Auffahrt parkten die Limousinen des letzten deutschen Kaisers, der oft und gern zu Besuch kam. Nachdem Ballins Witwe die Villa der Stadt Hamburg verkauft hatte, wurden die Räume umgestaltet und gehören heute der UNESCO.

Adresse Feldbrunnenstraße 58, 20148 Hamburg-Rotherbaum | **ÖPNV** U-Bahn 1, Haltestelle Hallerstraße | **Tipp** In der Feldbrunnenstraße 56 befindet sich das Gebäude der ZEIT-Stiftung, ebenfalls von Lundt & Kallmorgen erbaut.

12 Die Bergziege

Blankeneser Bussi

Linie 48 ist das Marzipanschweinchen des Hamburger Verkehrs-verbundes, auch wenn die kleinen Busse seit Mitte der 1990er Jahre nicht mehr rosa sind. Am S-Bahnhof Blankenese fahren sie ab und kommen 20 Minuten später von ihrer Liliput-Fahrt zurück. In der Zwischenzeit kreuzen sie bergauf und bergab durchs Treppenviertel, von der Strandtreppe zur Beckers Treppe, von dort weiter zur Charitas-Bischoff-Treppe und zur Krögers Treppe.

An malerischen kleinen Bauerngärten vorbei führt die Fahrt durch die berühmten schmalen Straßen von Blankenese. Kein Stadtbus würde sich je ins Revier der Bergziege trauen. Er müsste fürchten, drin stecken zu bleiben. Weiße Fischerhäuschen mit grün lackierten Fensterrahmen und elegante Villen blicken an jeder Haltestelle vom Geesthang hinab über die Elbe. Wer mag, steigt aus, sieht sich in Ruhe ein bisschen um und fährt einfach mit demselben Fahrschein und der nächsten Bergziege wieder zum Bahnhof zurück.

Manche Stationen liegen so nah beieinander, dass der Bus in einer Minute gleich zweimal hält. Doch obwohl die Bergziege ausgesprochen suutje, also langsam und gemütlich, ihre Runde dreht, gehört sie zur stolzen Gattung der Schnellbusse und kostet entsprechend extra. Auf der Linie 48 werden Hamburgs neue Elektrobusse eingesetzt. Die anspruchsvolle Berg- und Talfahrt verlangt den Kleinbussen hohen technischen Einsatz ab und verursacht entsprechend höhere Kosten für Instandsetzung und Verbrauch.

Auf einer Rundfahrt mit der Bergziege kann man seinem Besuch auch bei Nieselregen das zauberhafte Blankenese zeigen, ohne dass der Ausflug ins Wasser fallen muss. Die erste Bergziege bezwang Blankeneses steile Hänge am 1. März 1959. Damals fuhren Kleinbusse, die für das Citybus-Projekt Innenstadt geplant waren. Heute schmeißen drei Bergziegen den Laden und befördern die Fahrgäste der Linien 48 und 49 mit charmanter Pferdestärke.

Adresse S-Bahnhof Blankenese, 22587 Hamburg-Blankenese | **Tipp** Beim Warten auf die Bergziege empfiehlt sich ein Schaufensterbummel im historischen Blankeneser Bahnhof von 1867.

13__ Die Bibliothek des Völkerkundemuseums

Einmal um die Welt im Lesesaal

Zwischen den alten Abhandlungen über Zauberpflanzen, Giftkunde und Okkultismus glaubt man, Sherlock Holmes' Pfeifenrauch über einem Ohrensessel aufsteigen zu sehen. Die dunkel getäfelten Räume bergen Bücher zu den eigentümlichsten und geheimnisvollsten Themen. Viele Schauspieler, Bildhauer, Tänzer und Maler, die nach neuen Formen ihres künstlerischen Ausdrucks suchen, kommen in den Lesesaal. Zwischen Hunderten alter Reiseberichte finden sie Beschreibungen alter Amulette, ritueller Gesänge, Schilderungen von Visionssuchen, Skulpturen oder Anleitungen zum Instrumentenbau.

Als Ort, an dem die Kulturen der Welt einander begegnen, wünscht sich die Museumsleitung das Hamburger Völkerkundemuseum. Vorbei sind die Zeiten des Eurozentrismus, als europäische Gelehrte sich selbst zum Maßstab der Zivilisation ernannten und distanziert sogenannte »Naturvölker« beschrieben. Im modernen Museum werden andere Kulturen nicht auf Stereotypen des Fremden reduziert, deren Gegenstände des täglichen Lebens in Vitrinen einstauben. Stattdessen findet im Völkerkundemuseum jedes Jahr zur Herbstzeit der außergewöhnlich schöne »Markt der Völker« statt. Moderne Ethnologie setzt die Gleichrangigkeit aller Völker voraus und bemüht sich, das Verständnis der Kulturen füreinander zu fördern. Insofern ist es für die Bibliothekarinnen des Museums gar nicht ungewöhnlich, wenn Interessierte nach afrikanischen oder japanischen Hochzeitsbräuchen fragen, um sich für die eigene Hochzeit inspirieren zu lassen.

Das Unbekannte lockt Eltern und Kinder auf der Suche nach Spielen aus fernen Ländern in den Lesesaal und hält Ideen für Geburtstage bereit, die noch keiner hatte. Vielleicht wäre auch der eine oder andere Abwehrzauber praktikabel, falls in der Eile keine Zeit war, einen Parkschein zu ziehen? Ein Blick in die Sammlung magischer Sprüche und geheimer Hexenbücher könnte sich lohnen.

14__Das Bischofsturm-Café

Kaffeekränzchen im 1.000-jährigen Steinkreis

Das kann nur Hamburg: Mitten in der City stößt ein Archäologenteam auf das riesige Fundament des sagenhaft alten Bischofsturms und lässt zwischen den 1.000-jährigen Findlingen ein gemütliches, modernes Café einrichten. Fast wie Stonehenge zum Anfassen ist das Bischofsturm-Café, denn Hamburgs geheimnisvolle Findlinge haben nichts dagegen, wenn mal ein Gast die Hand drauflegt. Man fühlt sich wie an einer mythischen Kultstätte in dem uralten, großen Steinkreis, der stimmungsvoll beleuchtet ist.

Für die Hamburger ist es natürlich ein Glücksfall, die Frühgeschichte ihrer Stadt aus solcher Nähe erleben zu können. In der Gegend um den heutigen Domplatz, wo auch das Fundament des Bischofsturms ausgegraben wurde, ließen sich vor weit über 1.000 Jahren die ersten Siedler nieder und begründeten die Geschichte der Stadt. Bei Aushubarbeiten nach dem Zweiten Weltkrieg wurde der aufsehenerregende Findlingskreis zutage gefördert, auf dem einst das sogenannte Steinerne Haus des Erzbischofs Alebrand Bezelin stand. Auf imposante 19 Meter Außendurchmesser bringt es das Fundament.

Gleich daneben wurde ein kleinerer Steinring entdeckt, bei dem es sich um einen Brunnen handelt, der noch mehrere Meter tief in die Erde reichte und der im Café ebenfalls zu sehen ist. Für die Archäologen des Helms-Museums gilt der Bischofsturm als einer der historisch bedeutendsten Orte Hamburgs und ist mit Sicherheit das älteste erhaltene Gebäude der Altstadt.

Eine weitere Besonderheit sind die großen Domglocken, die im Steinkreis ausgestellt werden. Es handelt sich um einen originalgetreuen Nachguss des Hamburger Domgeläuts von Bischof St. Ansgar. 1986 waren Forscher des Helms-Museums bei Ausgrabungen auf dem ehemaligen Domplatz auf eine Glockengussgrube gestoßen, nach deren Maßen anschließend unter großem Aufwand die heutige Nachbildung des alten Geläutes gefertigt wurde.

Adresse Dat Backhus, Speersort 10, Domplatz Ecke Speersort, St. Petrihof, Hamburg-Altstadt | **ÖPNV** Metrobus 5, Haltestelle Gerhart-Hauptmann-Platz | **Öffnungszeiten** Mo – Fr 7 – 19 Uhr, Sa 7 – 18 Uhr | **Tipp** Ein kurzer Abstecher zum Domplatz gegenüber der Petrikirche bringt weitere interessante Informationen zu Hamburgs Ursprüngen.

15_Das Brahms-Museum

Die Hamburger Jahre von Johannes Brahms

In seinem 20. Lebensjahr begegnete der Hamburger Musikus Johannes Brahms als beinahe unbekannter Komponist dem großen Robert Schumann und seiner Frau Clara. Beide Schumanns waren von dem jungen Genie zutiefst angetan. Für Brahms wurde die Pianistin Clara Schumann zu einer Seelenverwandten, die er sein Leben lang verehrte und die ihn auf seinem Weg förderte und bestärkte. Auch Robert Schumann war entschlossen, den neu gewonnenen Freund und Kollegen zu unterstützen. Schon nach ihrer ersten Begegnung veröffentlichte er einen Artikel in der von ihm herausgegebenen »Neuen Zeitschrift für Musik«, der Brahms' große musikalische Fähigkeiten einem breiten Publikum bekannt machte.

Brahms Geburtshaus im Specksgang des früheren Hamburger Gängeviertels steht seit den Bombennächten im Jahr 1943 nicht mehr. Doch am heutigen Brahms-Museum mag er zu Lebzeiten oft vorbeigelaufen sein, natürlich ohne zu ahnen, dass dort einmal sein Tafelklavier ausgestellt werden würde! Das Kaufmannshaus, in dessen Räumen das Museum untergebracht ist, wurde schon 1751 gebaut und steht heute unter Denkmalschutz.

Das kleine, aber feine Museum zeigt Exponate aus den Hamburger Jahren des Musikers. Damals begann Brahms seine musikalische Ausbildung beim Nienstedtener Komponisten Eduard Marxsen. Schon früh erkannte Marxsen die ungewöhnliche Begabung seines Schülers und unterrichtete ihn in Musiktheorie und Klavierspiel. Bereits nach seinen ersten öffentlichen Auftritten wurde Johannes Brahms als Wunderkind bekannt.

Mag sein, dass auch auf Brahms das Sprichwort zutrifft, wonach der Prophet im eigenen Land nichts gilt, denn in seiner Geburtsstadt wartete der Künstler vergeblich auf einen Posten, der seinen Fähigkeiten entsprach. So verlegte Brahms seinen Wohnsitz schließlich nach Wien. Noch zu seinen Lebzeiten verlieh die Hansestadt Hamburg ihrem berühmten Sohn die Ehrenbürgerwürde.

Adresse Peterstraße 39, 20355 Hamburg-Neustadt | **ÖPNV** Bus 112, Haltestelle Handwerkskammer | **Öffnungszeiten** Di – So 10 – 17 Uhr | **Tipp** Die Hamburger Wallanlagen hinter dem Museum laden das ganze Jahr zu schönen Spaziergängen ein.

16 Die Brooksbrücke

Vier Patenkinder im Freihafen

In seinem ersten Amtsjahr kam der gerade erst 29-jährige Deutsche Kaiser Wilhelm II. nach Hamburg und legte feierlich den Schlussstein zum Bau der Brooksbrücke. Den göttlichen Beistand gaben damals Hammonia als Schutzgöttin Hamburgs und die Göttin Germania.

Man schrieb das Jahr 1888, in dem Hamburg dem Deutschen Zollverein beitrat. Ein prächtiger Gedenkstein mit goldener Inschrift ist ins Mauerwerk neben der Brücke eingelassen.

Wie viele andere Schätze der Hansestadt wurden im Zweiten Weltkrieg auch die Brooksbrücke und ihre historischen Brückenfiguren schwer beschädigt. Ohne Albert Darboven, den großen Mäzen der Hansestadt, wären die Figuren wahrscheinlich bis heute nicht ersetzt worden. Doch Hamburgs Kaffeekönig erteilte 2001 dem Bildhauer Jörg Plickat den Auftrag, vier Bronzeskulpturen für die denkmalgeschützte Brooksbrücke anzufertigen. Zwei Jahre später strahlte Hammonia wieder in Glanz und Würde über dem Zollkanal. Statt Germania ließ Darboven ihr die Göttin Europa zur Seite stellen. Den Damen gegenüber nahmen auf der Südseite der Brücke Kaiser Barbarossa und Bischof St. Ansgar ihre Plätze ein.

Lange blieben die vier nicht ungestört, denn nach über 100 Jahren Einsatz hatte die alte Brücke gründliche Reparaturen nötig. So wurden die vier Figuren ein paar Jahre später wieder demontiert und auf dem Gelände der Firma Darboven untergebracht.

2011 wurde die sanierte Brooksbrücke feierlich eingeweiht. In einem Festakt bekam jede der vier Brückenfiguren einen prominenten Paten. Sängerin Vicky Leandros übernahm die Patenschaft der Göttin Europa. Hauptpastor Röder und Erzbischof Dr. Thissen wurden gemeinsam Patenonkel des Apostels St. Ansgar. Bürgermeister Olaf Scholz bekam den Kaiser Friedrich Barbarossa zum Patensohn, und für Hammonia übernahm der Präses der Hamburgischen Handelskammer, Fritz Melsheimer, die Patenschaft.

Adresse Mattentwiete, 20457 Hamburg-Altstadt | **ÖPNV** U-Bahn 3, Haltestelle Rödingsmarkt | **Tipp** Die Göttin Hammonia ist auch als Mosaik über dem Portal des Hamburger Rathauses zu sehen.

HAMMONIA

17 __ Die Buddelschiffmanufaktur

Ein Meister klaustrophiler Modellbaukunst

Der Buddelschiffbau lebt von paradoxen Voraussetzungen, braucht man in diesem Gewerbe doch laufend leere Schnapsflaschen und gleichzeitig eine absolut ruhige Hand. Seit 1976 fertigt Jochen Binikowski Buddelschiffe, die genauso schön sind wie ihre weltberühmten Vorbilder. Spiegelnde Flaschen aller Größen stehen in »Binis« Ladengeschäft, in dem es nach kostbaren Hölzern duftet. Jedes Buddelschiff ist säuberlich verplombt und mit scharlachrotem Lack versiegelt. Unter Hunderten kleiner Segel aus echtem Stoff paradieren die großen Schiffslegenden der Seefahrtsgeschichte. Zu sehen sind die Alexander von Humboldt, mittlerweile als »Beck's Schiff« berühmt, und die Mayflower. Selbst die Bounty ist dabei, ohne Meuterer, dafür mit spinnwebfeiner Takelage, bunten Flaggen und verzierten Rahsegeln.

Alle Buddelschiffe werden außerhalb der Flasche gebaut, danach auseinandergenommen und anschließend mit Chirurgenhänden Mast für Mast in die Flasche versetzt. Dickere Fäden für Stage und Wanten, in der Seemannssprache stehendes Gut genannt, werden mit einer Uhrmacherpinzette angebracht. Für das laufende Gut hat Buddelschiffmeister Binikowski sein perfektes Haarsystem entwickelt: Statt dünner Fäden verwendet er Menschenhaar.

Über die Ursprünge der Buddelschiffkunst ist wenig bekannt. Im Erzgebirge friemelt man seit 300 Jahren handgefertigte Modelle in Geduldsflaschen, doch ob je ein Böhme oder Sachse als Matrose anheuerte und so die erste kleine Brigg in die Flasche fand, ist nicht nachzuweisen. Alte Morgenlandfahrer sollen noch behauptet haben, das Liebesspiel mit Meerjungfrauen mache die Hand geschmeidig genug, in den Hals einer leeren Rumflasche zu gleiten und darin einen Gaffelschoner hochzuziehen. Toi, toi, toi, dass Binis Buddelschiffmanufaktur die Fäden in der Hand behält. Am Bodensee soll das erste Buddelschiff in der Glühbirne vom Stapel gelaufen sein.

Adresse Barmbeker Straße 171, 22299 Hamburg-Winterhude | **ÖPNV** U-Bahn 3 Haltestelle Sierichstraße | **Öffnungszeiten** Mo – Fr 10 – 18 Uhr, Sa 10 – 14 Uhr | **Tipp** Beeindruckende Schiffsmodelle gibt es bei Binis Bruder Oliver Binikowski, Ditmar-Koel-Straße 32, in seinem Ladengeschäft »Elbufer«.

18___ Das Buddhistische Zentrum

Buddhas Lehren für moderne Menschen

An langen Bändern wehen hoch oben über der Thadenstraße bunte Gebetsfahnen im Wind. In Tibet hängt man sie an Tempeln und heiligen Orten auf, wo sie daran erinnern, die Lehren Buddhas zu praktizieren. Die Farben und Symbole auf den Gebetsfahnen sollen allen Lebewesen Schutz, Segen und Wohlergehen bringen. In der Thadenstraße sieht man sie über einem weißen Eckhaus am Himmel.

In der ehemaligen Schiffszimmerei empfängt Hamburgs Zentrum des Diamantweg-Buddhismus Jahr für Jahr Freunde aus der ganzen Welt. Genau 25 Jahre nach Eröffnung des ersten Hamburger Zentrums wurde es im Jahr 2004 eingeweiht. Zum Zentrum gehören ein ruhiger, heller Meditationsraum, ein Shop mit Literatur und Gegenständen der buddhistischen Praxis und ein schickes Café, in dem man eine prachtvolle Statue der Göttin Tara bewundern kann.

Gegründet wurde das Buddhistische Zentrum von Lama Ole Nydahl und seiner Frau Hannah mit dem Wunsch, die Lehren des Buddha für moderne Großstadtmenschen zu nutzen. Inzwischen praktizieren Diamantweg-Buddhisten in Deutschland und aller Welt auf dynamische und freudvolle Weise, was der Erleuchtete Buddha vor über 2.500 Jahren an seine Schüler weitergab.

Im Zentrum gibt es regelmäßig leicht verständliche Einführungsvorträge in den Buddhismus und Vorträge zu Fragen des Alltags. Als sinnvolles Mittel, dauerhaftes Glück zu erlangen, wird abends gemeinsam die Meditation praktiziert. Buddhismus gründet auf der praktischen Erfahrung, für sein Glück selbst verantwortlich zu sein und selbst die Bedingungen für ein glückliches Leben zu schaffen. Zur halbstündigen Meditation ist jeder herzlich eingeladen. Sie wird in einfacher Sitzstellung durchgeführt und ist auch für Anfänger gut geeignet. Einführende Worte und ein begleitender Text erläutern den Ablauf der Meditation, die kostenlos ist und nicht zur Mitgliedschaft verpflichtet.

Adresse Thadenstraße 79, 22767 Hamburg-St. Pauli | **ÖPNV** Metrobus 3, Haltestelle Bernstorffstraße | **Öffnungszeiten** Meditation Mo – Do 20 Uhr, Fr – So 19 Uhr, das Café ist für Schnupperbesuche ab 18.30 jeden Donnerstag geöffnet. | **Tipp** Sonntags gibt es von 11 bis 13 Uhr Brunch im Café.

19 Das Cölln's Restaurant

Frische Austern und hanseatischer Stil

Bei Hummer, Kaviar und Austern im Souterrain von Cölln's haben schon Otto von Bismarck, der letzte russische Zar und selbstverständlich auch Hans Albers getafelt. Die festlichen alten Lehnstühle, Gemälde und Kronleuchter sind heute dieselben wie damals. Umrahmt von Seerosen, schmückt das Entree eine 100 Jahre alte Kachelmalerei aus dem Hause Villeroy & Boch. Farbenprächtige Meeresfrüchte und sogar eine Schildkröte stimmen den Gast auf die Gaumenfreuden der ältesten Austernstube Deutschlands ein.

Der heutige Inhaber freut sich über das Interesse seiner Gäste an den alten Urkunden, die im Restaurant an den Wänden hängen. Schließlich hat das Cölln's eine berühmte Historie. Schon 1760 wurde das Geschäft als Fisch- und Austernhandlung gegründet, damals noch ohne Restaurantbetrieb. Der Namensgeber Johann Cölln heiratete die Enkelin des Gründers, taufte die Austernhandlung auf seinen Namen und eröffnete das Restaurant.

Nach ihm kam sein Prokurist ans Ruder und brachte dem Austern- und Kaviarhandel Cölln einen ungeahnten Aufschwung. Heute würde man sagen, dass er ein global denkender Geschäftsmann war. Damals erwarb er für die Firma im über 3.000 Kilometer weit entfernten Astrachan an der Wolga die Fischereirechte und verfrachtete echten russischen Kaviar in firmeneigenen Eisenbahnwaggons nach Hamburg.

Die Austernstube überstand Krieg und Hochwasser und steht noch immer. Ein Messingschild zeigt den Wasserstand der Sturmflut von 1962 an. Damals stand das Wasser fast bis zur Decke.

Mit Phantasie und Fingerspitzengefühl vereinigt Cölln's Küche Historisches und Moderne. Fische und Meeresfrüchte kauft der Küchenchef täglich selbst ein, seinen Fischspieß mit Heilbutt und Jakobsmuscheln empfiehlt er Liebhabern der modernen Küche. Für Freunde der Tradition wird Cölln's Hummer mit Cocktailsauce bis heute nach Originalrezept des Firmengründers zubereitet.

Adresse Brodschrangen 1, 20457 Hamburg-Altstadt | **ÖPNV** U-Bahn 3, Haltestelle Rathausmarkt | **Öffnungszeiten** Mo 9 – 16 Uhr, Di – Sa 9 – 23 Uhr, So 9 – 18 Uhr | **Tipp** Die Zollenbrücke vis á vis vom Cölln's wurde 1633 erbaut und ist Hamburgs älteste Brücke.

20___ Das Denk-Mal Güterwagen

Zum Gedenken an Julia Cohn und Hertha Feiner-Aßmus

Der Entwurf für das Denkmal entstand während eines Schulprojekts. Mit einem Güterwagen wollten Schülerinnen und Schüler an zwei deportierte jüdische Lehrerinnen ihrer Schule erinnern. Entstanden ist ein Gedenkort, den man nicht wieder vergisst. Die Lehrerin Julia Cohn schulte ihren Sohn Paul 1931 in der Meerweinschule ein, an der sie selbst unterrichtete. Später erinnerte sich Paul Cohn, es habe außer seiner Mutter nur noch eine zweite jüdische Lehrerin an der Meerweinschule gegeben und die sei seine Klassenlehrerin geworden.

Beide Lehrerinnen wurden 1933 von den Nazis aus dem Schuldienst entlassen. Julia Cohn fand keine Anstellung mehr. In der Pogromnacht wurde ihr Mann, Jakob Cohn, ins KZ Sachsenhausen deportiert. Im Krieg war er für seine Tapferkeit an der Front mit dem Eisernen Kreuz ausgezeichnet worden, deshalb wurde er vorläufig aus dem KZ entlassen. Paul Cohn erinnert sich, mit welchen Worten die Nazis seinen Vater gehen ließen: »Wir entlassen euch nur zu einem Zweck: damit ihr auswandert. Wenn ihr das nicht tut, könntet ihr euch hier mal wiederfinden. Und dann kommt ihr nicht mehr raus.«

Mit einem Kindertransport kam der 15-jährige Paul Cohn 1939 nach England, doch für seine Eltern bestand keine Möglichkeit, Deutschland zu verlassen. Ihre Wertgegenstände hatten die Nazis beschlagnahmt. Ein Bürge im Ausland fand sich nicht. 1941 wurden die Eheleute Cohn von der Moorweide, wo sich Hamburger Juden zur Deportation versammeln mussten, nach Riga deportiert. Ihre Todesdaten sind unbekannt. Die zweite jüdische Lehrerin der Schule Meerweinstraße hieß Hertha Feiner-Aßmus. Nach ihrer Entlassung aus dem Schuldienst wurde sie von ihrem Mann geschieden. Während ihrer Deportation nach Auschwitz nahm sich Frau Feiner-Aßmus das Leben.

Adresse Stadtteilschule Winterhude, Meerweinstraße 26, 22303 Hamburg-Winterhude | **ÖPNV** Bus 173, Haltestelle Großheidestraße | **Tipp** An der Moorweide erinnert ein Gedenkstein an die Deportation der Hamburger Juden.

21__ Der Domplatz

Hier stand die Hammaburg

Im Frühjahr 2009 wurde in der Hamburger City der neue Domplatz eröffnet. Auf einer Wiese verteilt, markieren 39 weiße Quader, wo einst die Säulen des Mariendoms aufragten. Der Dom wurde vor mehr als 100 Jahren abgerissen. Es war eine Entscheidung, die viele Hamburger bis heute bestürzt. Die Steine des Mariendoms wurden als kostenloses Baumaterial weiterverarbeitet und seine wertvolle Ausstattung einfach verkauft. Einer der 39 Quader hat ein Blickfenster hinunter in den Boden, durch das man den Rest eines freigelegten Pfeilerfundaments sieht. Doch den Archäologen des Helms-Museums, die hier gegraben haben, ging es nicht um den Mariendom, sondern um ein viel älteres Bauwerk.

Die Geschichte des Domplatzes ist die Geschichte der großen Suche nach der legendären Hammaburg. Ein echter Archäologie-Krimi, der zu jeder neuen Folge mit großer Spannung erwartet wurde. Insgesamt dreimal hatten Hamburgs Archäologen auf dem Domplatz nach Spuren und Überresten der Burg geforscht, die Frankenkönig Karl der Große bauen ließ und die der Freien und Hansestadt ihren Namen gab. Doch so sorgfältig man auch vorging: Nichts dessen, was zutage gefördert wurde, konnte als wissenschaftlicher Beweis gelten. Wo die Hammaburg nun tatsächlich gestanden haben mochte, blieb ein Rätsel.

Dann geschah im Jahr 2014, was niemand erwartet hatte. Ausgehend von neuen wissenschaftlichen Erkenntnissen und nach nochmaliger Untersuchung der Bodenproben, gab das Archäologische Museum Hamburg eine Sensation bekannt. Die Hammaburg stand – entgegen allen bisherigen Zweifeln – doch auf dem heutigen Domplatz. Außerdem wurde die Burg nicht um 817 erbaut, sondern bereits im 8. Jahrhundert.

Hamburgs Touristen haben Grund zur Freude. Als Standort der Hammaburg ist der Domplatz endlich auf Augenhöhe mit Hafen, Michel und Rathaus.

Adresse Domplatz, 20095 Hamburg-Altstadt | **ÖPNV** Metrobus 5, Haltestelle Gerhart-Hauptmann-Platz | **Tipp** Der neue Mariendom liegt im Herzen von St. Georg, in der Danziger Straße 60, zu erreichen mit der U-Bahnlinie 1 bis Haltestelle Lohmühlenstraße.

22 Das Eduard-Bargheer-Haus

Ein Maler der Hamburgischen Sezession

Durch die weißen Fenster blickt man in den schönen alten Garten des Malers. Ihm war seine reetgedeckte Fischerkate in Blankenese Zuflucht und Quelle der Inspiration. Heute hängen hier viele seiner Gemälde in ständiger Ausstellung. Über 30 Jahre lang wohnte Bargheer im Treppenviertel, doch selbst gebürtige Blankeneser wissen oft nicht, dass in der stillen Kate ein großer Hamburger Maler gelebt und gearbeitet hat. Eine enge Freundschaft verband Bargheer zeitlebens mit der Hamburger Malerin Gretchen Wohlwill, die sich der Künstlervereinigung Hamburgische Sezession angeschlossen hatte. Auf ihre Empfehlung wurde Bargheer ebenfalls als Mitglied aufgenommen. Seine Bilder waren in den Blau- und Grautönen des Meeres komponiert und zurückhaltend in der Farbgebung. Viele seiner Arbeiten standen unter dem Einfluss der Werke von Edvard Munch.

Doch ihrer eigenen Zeit waren die Sezessionisten im Ausdruck zu leidenschaftlich und zu frei. Ihre Frühjahrsausstellung im Jahr 1933 war die erste Ausstellung, die von den Nazis geschlossen wurde. Im selben Jahr löste sich die Künstlervereinigung aus Protest gegen den polizeilich verordneten Ausschluss ihrer jüdischen Mitglieder auf. Kurz nach Kriegsausbruch verließ Bargheer Deutschland und nahm seinen Wohnsitz auf Ischia, wo man ihm 1948 die Ehrenbürgerschaft verlieh.

Vielleicht war es das Licht über dem Meer, das Bargheer zu seinen fast durchsichtigen Aquarellen inspirierte. Große Beachtung fanden seine Werke auf der ersten und zweiten Documenta. Im Alter von 77 Jahren verstarb der Künstler in seinem Haus in Blankenese. »Auf dem Wege sein heißt, nicht zu verharren bei einer Idee, einer Erfindung, die ja stets 1.000 Möglichkeiten der Entwicklung in sich trägt, sondern den Mut zu haben, immer wieder einen neuen Weg einzuschlagen, sich wieder aus dem bequemen Hafen auf das hohe Meer des Ungewissen zu wagen.« (Bargheer)

Adresse Rutsch 2, 22587 Hamburg-Blankenese | **ÖPNV** Bus 48, Haltestelle Krumdal | **Öffnungszeiten** nach Vereinbarung mit der Nachlassverwaltung, Tel. 040 / 865007 | **Tipp** Im Jenischpark hat das Bargheer Museum eröffnet. (Hochrad 75, im Jenischpark, www.eduard-bargheer-museum.de, täglich außer Mo 11–18 Uhr, Eintrittspreise 7 Euro / 5 Euro)

23 Das ehemalige Israelitische Krankenhaus

Salomon Heines Wirken in Hamburg

Der eine will bei der Fundstelle nachfragen, ob sein verlorener iPod endlich abgegeben wurde, der andere muss seinen Reisepass verlängern oder braucht eine Steuermarke für Waldi.

Ganz gleich, was man im Bezirksamt St. Pauli will, wer zum ersten Mal hinkommt, ist schwer beeindruckt. So stellt man sich keine Behörde vor. Wie das elegante Palais eines Millionärs sieht der lang gestreckte Bau in der Simon-von-Utrecht-Straße aus, in dem die Anwohner von St. Pauli ihre Hartz-IV-Anträge abgeben.

Tatsächlich ist die Behörde in den Räumen des ehemaligen Israelitischen Krankenhauses untergebracht. Doch selbst für ein Krankenhaus wirkt das Gebäude ungewöhnlich prächtig.

Es war einer der reichsten Männer Hamburgs, der im 19. Jahrhundert das Israelitische Krankenhaus bauen ließ, und da er es dem Andenken seiner verstorbenen Frau widmete, konnte es ihm nicht schön genug werden. Sein schwieriger Neffe, der zur Eröffnung mit spitzer Feder ein beißend sarkastisches Gedicht schrieb, war Heinrich Heine.

Salomon Heine, der Onkel des Dichters, kam mit 16 Jahren nach Hamburg und soll bei seiner Ankunft nicht mehr als 16 Groschen in der Tasche gehabt haben, ärmer als eine Kirchenmaus. Doch Heine war ein Selfmade-Millionär und leitete bald ein eigenes Bankhaus. Die ehemalige Heinestraße wurde von den Nazis in Hamburger Berg umbenannt und heißt so bis heute.

Die Zimmer im Bezirksamt St. Pauli haben nichts mehr mit den ursprünglichen Räumen zu tun, nur ein einziges Souvenir aus dem 19. Jahrhundert blieb vom Israelitischen Krankenhaus erhalten und ist noch zu sehen. Es handelt sich um einen ornamental verzierten Deckenfries. Im Foyer über dem Passbildautomaten bekam er einen besonderen Platz.

Adresse Simon-von-Utrecht-Straße 2, 20359 Hamburg-St. Pauli | **ÖPNV** S-Bahn 1, 2, 3, Haltestelle Reeperbahn | **Tipp** Überall in St. Pauli findet man dieses Zeichen A|H dort im Pflaster, wo die alte Grenze zwischen Altona und Hamburg verlief.

24 Die ehemalige Lichtwarkschule

Als die Schulorgel nach Schmidts Pfeife tanzte

Ein schmaler Art-déco-Brunnen aus hellgrüner Keramik schmückt den Korridor. Er ist dem Gedenken an Alfred Lichtwark, den gro-ßen Hamburger Reformpädagogen gewidmet. Schnell mal die Hand ins Wasser tauchen kann man jedoch nicht. Es ist nämlich schon seit den 1920er Jahren keins mehr drin, weil die Schüler partout nicht aufhören wollten, sich gegenseitig nass zu spritzen.

Der Unterricht an der koedukativen Schule, die heute Heinrich-Hertz-Schule heißt, war nicht nur für die damalige Zeit sehr modern. Bis 1937 wurden Jungen und Mädchen fächerübergreifend unter-richtet, und auf dem Stundenplan stand neben täglichem Sportun-terricht auch Gartenarbeit im Schulgarten, denn Alfred Lichtwark legte Wert auf die Verbindung von Kopf, Hand und Herz.

Direkt am Stadtpark und in schönster Lage baute Hamburgs Oberbaudirektor Fritz Schumacher das Schulhaus aus seinem ge-liebten roten Backstein. Den Eingang schmücken Keramiken des Bildhauers Richard Kuöhl. Besonders auffällig ist die große Uhr mit den runden goldenen Ziffern. Wahrscheinlich sollten die Schüler schon vom Stadtpark aus mit einem Blick sehen können, ob sie es noch pünktlich in die Klasse schaffen würden. Wie Helmut Schmidt und seine Frau Loki, die sich 1929 auf der Lichtwarkschule ken-nenlernten und dort bis zur Aufhebung der Koedukation durch die Nazis gemeinsam zur Schule gingen.

Seit damals steht in der Aula, majestätisch hinter roten Samtvor-hängen verborgen, die reich verzierte Lichtwark-Orgel. Konzipiert hat sie Hans Henny Jahnn, der damals Orgelsachverständiger für die Hamburger Schulorgeln war. Die bunten Farben, mit denen das In-strument bemalt ist, sind dem Charakter der Töne nachempfunden. Auch Helmut Schmidt hat auf der Orgel musiziert. Ob ihm Loki die Noten umblätterte, kann man nur vermuten, belegt ist es nicht.

Adresse Grasweg 72, 22303 Hamburg-Winterhude | **ÖPNV** U-Bahn 3, Haltestelle Borg-weg | **Öffnungszeiten** Mo – Fr zur regulären Unterrichtszeit | **Tipp** Am Goldbekufer gibt es dienstags, donnerstags und samstags von 8.30 bis 13 Uhr einen Wochenmarkt.

25__Der Eingang, in dem John Lennon stand

Hamburg steht für Rock 'n' Roll

Über den Fotografen Jürgen Vollmer, der die damals noch unbekannten Beatles Anfang der 1960er Jahre in Hamburg fotografierte, schrieb John Lennon: »Jürgen Vollmer war der erste Fotograf, der die Schönheit und den Geist der Beatles einfing. Wir haben nie wieder jemanden gefunden, dessen Bilder den Betrachter so berührten wie seine.« Auch Paul McCartney erklärte, Vollmers Gespür für Stil und seine außergewöhnliche Begabung zum Fotografieren seien für die Karriere der Beatles von fundamentaler Bedeutung gewesen.

Schon als Schuljunge soll sich Fotograf Vollmer das Haar in die Stirn gekämmt haben, ohne damals zu ahnen, wer seinen wilden Look eines Tages weltbekannt machen würde. Als die Beatles 1960 in Hamburg an Land gingen, waren sie begeistert und ließen sich die Haare so schneiden, wie ihr Fotograf sie trug. Nicht lange danach wurden ihre Pilzköpfe (engl. moptop) weltberühmt.

Auf dem Foto, das Jürgen Vollmer von John Lennon 1961 in St. Pauli aufnahm, war es noch nicht ganz so weit, hier trägt der Sänger das Haar als kurzen Rebellenschopf. Der 20-jährige Lennon sieht noch nicht recht aus wie John Lennon, eher wie ein Taxifahrer, der entfernt John Lennon ähnelt. Ohne zu lächeln lehnt er im Hauseingang. Nicht wie einer aus der wilden Motorradgang, eher wie der kleine Bruder des Gangsters, der Schmiere steht, während die Großen das Ding drehen.

Fünf Jahre nach der Trennung der Beatles nahm John Lennon 1975 sein Soloalbum »Rock 'n' Roll« auf. Für das Plattencover suchte er eines dieser alten Hamburgfotos heraus. Der Hauseingang liegt in der Jägerpassage, deren Häuser um 1870 für den sozialen Wohnungsbau gebaut wurden. Durch die beiden Hoftore Wohlwillstraße 22 und 26 gelangt man in die beiden kurzen Hofeingänge der Jägerpassage.

Adresse Wohlwillstraße 22 / Jägerpassage 1, 20359 Hamburg-St. Pauli | **ÖPNV** S-Bahn 1, 2, 3, Haltestelle Reeperbahn | **Tipp** Das »Kaffee Stark« nebenan in der Wohlwillstraße serviert fair gehandelten Kaffee und Kakao zu hausgemachten Kuchen, geöffnet täglich von 10 bis 24 Uhr.

26 Das Elbtunnelschneidrad Trude

Mit 4.500 PS durchs Erdreich gewühlt

Reglos und so groß wie ein Ufo steht das riesige Schneidrad auf dem Hof des Museums der Arbeit, lässt sich fotografieren und beklopfen und genießt den beschaulichen Lebensabend einer pensionierten Legende. Zweieinhalb Jahre lang bohrte die gewaltige Maschine »tief runter unter die Elbe«, was abgekürzt T.R.U.D.E. ergibt, den Namen, auf den die Ingenieure ihr technisches Meisterwerk tauften, bevor sie es in die Erde senkten.

Trudes Technologie ist weltweit einzigartig und wurde für nur einen einzigen Einsatz konstruiert: den Bau der vierten Elbtunnelröhre. Da manche Bauabschnitte tief unter dem Flussbett der Elbe lagen und es wegen des großen Erddrucks nicht überall möglich gewesen wäre, abgenutzte Schälmesser und Meißel wie üblich vor dem Bohrkopf zu ersetzen, wurden erstmals die Speichen eines Tunnelschneidrads begehbar konstruiert, sodass Einzelteile von innen heraus gewechselt werden konnten. Die größte Herausforderung für die Techniker lag in den unterschiedlichen Bodenverhältnissen unter dem Grundwasserspiegel, denen das Schneidrad während des Fräsens standzuhalten hatte. Um den Bau der vierten Elbtunnelröhre zu ermöglichen, musste Trude mit 111 Schälmessern für weiches Gestein und 31 Rollenmeißeln für Hartgestein bestückt werden. Größere Gesteinsbrocken zerkleinerte sie mit einem Steinbrecher.

Mit ihrem Durchmesser von 14,20 Metern ist Trude weltweit die größte Tunnelbohrmaschine. Zwischen 1997 und 2000 fräste sie sich von Waltershof bis Othmarschen 2.560 Meter weit unter dem Flussbett der Elbe hindurch, räumte über 400.000 Kubikmeter Geröll aus dem Weg und machte Tag für Tag sechs Meter Strecke. Weil sie ein Meilenstein der Geo- und Maschinentechnik und ein technisches Denkmal hanseatischer Baugeschichte ist, präsentiert das Museum der Arbeit die imposante Trude als Freiluft-Exponat in Dauerausstellung.

Adresse Museum der Arbeit, Wiesendamm 3, 22305 Hamburg-Barmbek | **ÖPNV** U-Bahn 3, Haltestelle Barmbek | **Öffnungszeiten** Museum: Mo 10 – 21 Uhr, Mi – Fr 10 – 17 Uhr, Sa und So 10 – 18 Uhr | **Tipp** Nicht zum Museum gehörend, aber einen Besuch wert ist das Restaurant »T.R.U.D.E.« auf demselben Hof, in dem zahlreiche Zeitungsartikel über Trudes Einsatz hängen.

27 — Die Fachwerkfassaden am Nikolaifleet

Ensemble der Hamburger Urviecher

Von der Neptunstatue an der Ecke Hohe Brücke und Cremon aus hat man einen schönen Blick auf die sorgfältig wiederhergestellten Fachwerkfassaden der alten Häuser in der Deichstraße. Eine besondere Rarität stellt eines der ältesten Häuser, das 1658 erbaute Bürgerhaus Nummer 47, dar. Trotz schwerer Kriegsschäden konnte es erhalten werden. Der wertvolle Volutengiebel aus dem 18. Jahrhundert wurde sorgfältig restauriert.

Auf handtuchschmalen Grundstücken zwischen Fleet und Straße aneinandergedrängt, bestand jedes Haus aus einem fleetseitigen Speicher, einem Mitteltrakt und dem straßenseitig gelegenen Wohntrakt. Kein Haus sieht aus wie das andere, doch gerade deshalb bilden sie mit ihren ganz verschiedenen Stockwerkhöhen eine malerische Einheit. Große Teile der Gefache füllen weiße Fensterkreuze, dicht an dicht zwischen Halsriegel und Pfosten gesetzt und über die Jahre mit ihnen zusammen schief geworden.

Vom Fleet aus wurde früher in die Speicher verladen, was an Waren auf Schuten und Ewern (kleine Frachtsegler mit ein bis zwei Masten) über die Wasserwege transportiert wurde. Man erkennt die Speicher noch heute an den auskragenden Winden unterm Giebel, die jede ankommende Fracht direkt vom Schiff rauf in die richtige Etage hievten. Erst nach dem Großen Brand von 1842 verloren die Fleete allmählich ihre Bedeutung als wichtigster Transportweg.

Während des Wiederaufbaus wurden die Straßen breiter als vorher angelegt, um zu verhindern, dass bei einem künftigen Brand das Feuer wieder allzu leicht auf benachbarte Häuserzeilen überspringen könne. Damit wurde der Warentransport auf den Straßen zunehmend leichter, sodass man einen Teil der Fleete zuschüttete. Gab es zu Beginn des 19. Jahrhunderts noch 29 Fleete, blieben davon bis heute 14 erhalten.

Adresse Hohe Brücke, Cremon, 20459 Hamburg-Altstadt | **ÖPNV** U-Bahn 3, Haltestelle Rödingsmarkt | **Tipp** Der bretonische Imbiss »Ti Breizh« im Haus der Bretagne in der Deichstraße 39 lohnt den Besuch.

28 Das Feuerschiff Elbe 3

Das älteste Feuerschiff auf See

Mit 91 Jahren ist die rüstige alte Dame endlich in Pension gegangen. Seit dem Hafengeburtstag 1979 gehört das leuchtend rote Feuerschiff »Elbe 3« dem Museumshafen Övelgönne. Besuch bekommt sie mehr denn je, und auch ihr Terminkalender kann sich sehen lassen. An Bord herrscht bis heute noch immer reger Betrieb, über 120 ehrenamtliche Mitarbeiter kümmern sich um den Erhalt des Schiffes, das ein Stück Elbgeschichte geschrieben hat.

Seinen Namen gab ihm Position Elbe 3, die zwischen der Nordseeinsel Neuwerk und Cuxhaven liegt. Dort draußen, im Nationalpark Hamburgisches Wattenmeer, lag das Feuerschiff viele Jahre lang verankert und sicherte bei Wind und Wetter die Seestraße für den Schiffsverkehr. Mancher denkt bei einem Feuerschiff an ein Löschfahrzeug, aber das ist nicht richtig. Ein Feuerschiff muss man sich als Leuchtturm auf See vorstellen.

Das Leuchtfeuer der Elbe 3 sendete eine festgelegte Kennung, um vorbeifahrenden Schiffen im Dunkeln oder bei Nebel und Schnee sichere Orientierung zu geben. Nach elf Dienstjahren wurde die Elbe 3 im Frühjahr 1977 durch eine vollautomatische Leuchttonne ersetzt und nahm Kurs auf ihren Ruhesitz Övelgönne. Als Traditionsschiff schippert sie seitdem Bordgäste über die Elbe und wird vom Förderkreis Elbe 3 erhalten.

Das älteste fahrtüchtige Feuerschiff der Welt wurde 1888 auf der Werft Johann Lange in Vegesack, Bremen, gebaut und im darauffolgenden Jahr zum ersten Mal auf Position Weser eingesetzt. Damals zählte die Mannschaft elf Mann, die in zweiwöchigem Wechsel an Bord waren und selbst noch bei Sturm und Orkan auf dem Schiff ihren Dienst taten. Fast 50 Jahre lang fuhr die Elbe 3 mit Hilfsbesegelung, erst 1936 bekam sie eine Maschinenanlage eingebaut. Das 45,10 Meter lange und 7,20 Meter breite Feuerschiff lag lange auf Position Bremen, ehe es durch einen Leuchtturm in der Weser ersetzt wurde.

Adresse Museumshafen Övelgönne, Neumühlen 1, 22763 Hamburg-Ottensen | **ÖPNV** Bus 112, Haltestelle Neumühlen / Övelgönne | **Öffnungszeiten** Meistens sind am Wochenende ehrenamtliche Mitarbeiter an Bord, Buchung für eine Elbfahrt mit dem Feuerschiff unter Tel. 01577 / 1740384. | **Tipp** Der schönste Spaziergang führt den Mühlenweg entlang, hinter dem Parkplatz rechts hoch und dann links, an rosenberankten Fischerhäuschen den Weg Övelgönne entlang.

29 Die Fischbratküche Daniel Wischer

Brathering mit Fassbrause

Es mag noch so viele Burgerläden, Sushibars, Edelwurstläden, Dönerimbisse und Falafelbuden in Hamburg geben, so wahr die Liebe durch den Magen geht: Bratfisch bleibt Bratfisch. Die Geschichte von Daniel Wischers traditionsreicher Fischbratküche fing in Hamburg 1924 an. Die ersten Restaurants auf St. Pauli und später in der Spitalerstraße waren urige, laute Familienrestaurants. Ohrenbetäubendes Stimmengewirr. Klapperndes Fischbesteck. Die Speisekarten waren damals zitronengelb. Zwischen den Tischen kam man an Familieneinkaufstagen am Wochenende vor lauter Einkaufstüten kaum noch durch. Wo ein Platz frei wurde, setzte man sich dazu, denn »sich nicht kennen« gab es nicht. Die Gäste von Daniel Wischer waren eine große Familie. Die Serviererinnen bedienten am Tisch und waren stets so freundlich, als wäre in der Fischbratküche jeden Tag der schönste Tag der Welt. Wer aufgegessen hatte, zahlte zügig und schob frisch gestärkt ab, wieder zurück ins Treiben der Spitalerstraße.

Den Charme der 50er Jahre hat die Fischbratküche nicht mehr, und auch die zitronengelben Speisekarten sind verschwunden. Wie eh und je lässt es sich der Freundeskreis der Hamburger Bratfischgenießer schmecken. Flott serviert wird auf warmen Porzellantellern, die Servicekräfte gleiten wie Licht durchs Gewühl und servieren heißen Brathering, kross frittiertes Seelachsfilet und warmen Kartoffelsalat. Die Frage nach dem Getränkewunsch des Gastes ist übrigens rein rhetorisch. In der Fischbratküche trinkt man zum Fisch Fassbrause aus rautierten Originalgläsern, genau wie vor 80 Jahren.

Nach dem Tod des Firmengründers im Jahre 1934 übernahm seine Ehefrau Emmy die Fischbratbetriebe. Mittlerweile gibt es Daniel Wischer sogar schon auf Sylt. Bloß unzufriedene Gäste gibt's immer noch keine, die kommen nie.

Adresse Johannisstraße 3, 20457 Hamburg-Altstadt und Steinstraße 15a, 20095 Hamburg-Altstadt | **ÖPNV** U-Bahn 3, Haltestelle Rathaus oder Mönckebergstraße | **Öffnungszeiten** Mo – Sa 11 – 20 Uhr | **Tipp** Der linke Löwenkopf am Portal der nahegelegenen Petrikirche ist das älteste Kunstwerk Hamburgs. Die Inschrift lautet: »Im Jahre 1342 ist das Fundament dieses Turmes gelegt worden, betet für die Kirchengeschworenen«.

30___Das Fleetschlösschen
Cocktails an der Kaisertreppe

Selbst für einen Star aus der Großstadt hat das Fleetschlösschen ein tolles Repertoire. Ende des 19. Jahrhunderts war es ein Zollgebäude, später eine Brandwache, danach begann ein unappetitliches Kapitel. »Hier waren öffentliche Toiletten drin. Aber auf der Damentoilette war nie jemand drauf, weil das Männerklo ab Mitte der Sechziger eine ›Schwule Klappe‹ war. Bloß das traut sich dann wieder keiner zu schreiben«, bemerkt Christian Oehler ironisch und lächelt charmant.

Vor über zehn Jahren pachtete er das Fleetschlösschen und zauberte vor die imposante Kulisse der alten Speicherstadt ein lebendiges Café und Kabinett origineller Raritäten. Bei der schweren bronzefarbenen Wendeltreppe handelt es sich um das erste industriell gefertigte Modell, nur noch drei Ausfertigungen existieren heute davon. Der Gast fühlt sich wie im Puppenhaus, wenn auf halber Höhe nach oben überraschend winzig ein Zwischengeschoss mit Sofa und Tischchen auftaucht. Auch dort wird serviert! An der Tür hängt das Ziffernblatt einer alten Uhr mit goldenen Zeigern, das Christian Oehler aus dem Abriss gerettet hat. Auf seinen Streifzügen über die Baustellen der Hafencity stieß er auf bemerkenswerte Fundstücke. Zu seiner Sammlung gehören ein imposanter, schwarz versteinerter Knochen, schimmerndes Opalglas, der älteste Schuhfund der Hansestadt und drei niederländische blau-weiße Scherben, die vom Helms-Museum amtlich aufs 17. Jahrhundert datiert wurden.

Hinter dem Café führen Treppen ans Wasser. Im Fleetschlösschen nennt man sie stolz »Die Kaisertreppe«, denn Wilhelm II. stieg hier ins Boot, um die Siele William Lindleys zu besichtigen. Jede Frage zum Hafen beantwortet Christian Oehler seinen Gästen, nur nicht mittwochnachmittags, wenn der Organist von St. Katharinen an der Orgel probt. Die Kirche bleibt solange geöffnet, und der Chef des Fleetschlösschens geht mit seiner Tochter hin und hört zu.

Adresse Brooktorkai 17, 20457 Hamburg-HafenCity | **ÖPNV** Metrobus 6, Haltestelle Bei St. Annen | **Öffnungszeiten** Mo–Sa 11.30–23 Uhr (22 Uhr Küchenschluss) | **Tipp** Im Alten Wandrahm 16, 300 Meter entfernt, zeigt das Zollmuseum Di bis So von 10 bis 17 Uhr unfassbare Schmuggelverstecke.

31 Die Flughafen-Modellschau
Luftballett der kleinen Flugzeuge

Ein ganzer Flughafen als Spielzeug, und alles funktioniert wie in echt! Für den Lotsen, der charmant durch die einstündige Show führt, erfüllt sich sichtbar ein Kindheitstraum, und seinem verzauberten Publikum vergeht die Zeit wie im Flug. Auf dem Flughafenmodell (Maßstab 1:500) werden Starts und Landungen mit perfekten, blitzenden Miniaturen der Linien Lufthansa, Pan Am, Swiss Air und anderer vorgeführt. Die Modellflugzeuge fahren an schmalen Metallschienen in die Luft, drehen ihre Runden über dem Flughafen und landen wirklichkeitsgetreu wieder auf den kleinen Rollfeldern.

Während sich vor ihren Augen ein technisches Wunderwerk entfaltet, wird den »Kindern« (gut die Hälfte von ihnen ist über 30) der gesamte Flughafenbetrieb erklärt und was alles dazugehört, damit die Maschinen reibungslos starten und landen. Rund 50 Minuten dauert die Schau. Für Einzelpersonen und Kleinfamilien ist keine Anmeldung erforderlich.

Wie aus der Luft blickt man auf die Miniaturen der Tower, Rollfelder, Landebahnen und Gebäude des Flughafens, der heute Hamburg Airport heißt. Wo in letzter Zeit modernisiert wurde, ist auch das Miniaturmodell maßstabgetreu angepasst worden. Der ehemalige Parkplatz P6 wurde nach dem Umbau auf dem Flughafen auch im Modell zu einer winzigen Parkfläche für kleine Lastwagen hergerichtet, und als das Charterterminal T1 in ein Partyterminal umgebaut wurde, bekam das Flughafenmodell ebenfalls ein verkleinertes Pendant.

Nachdem man alles ausgiebig in Augenschein genommen hat, wird es dunkel im Vorführraum. Ein märchenhaftes Lichtermeer erstrahlt, und mit über 8.000 funkelnden Dioden leuchtet das Modell als Flughafen bei Nacht. Wenn es wieder hell wird und sich das Publikum partout noch nicht von dem herrlichen Anblick losreißen kann, führt der Lotse, dem es nicht anders geht, auf besonderen Wunsch die besten Flugzeugmanöver noch einmal vor.

Adresse Flughafenstraße 1, 22335 Hamburg-Fuhlsbüttel | **ÖPNV** S-Bahn 1, Haltestelle Hamburg Airport; auf dem Flughafengelände links vom Terminal Tango, gleich bei der Bundespolizei, weist ein großes Schild zur Modellschau und der Aussichtsterrasse. | **Öffnungszeiten** Mo – So 10 Uhr und 13.30 Uhr | **Tipp** Nach der Schau den Schildern zur Aussichtsterrasse folgen und das Treiben auf der Start- und Landebahn aus der Nähe sehen.

32 Die Flussschifferkirche

Ein schwimmendes Kirchenschiff

Für eine Hochzeit oder die Taufe eines Kindes wird man in Hamburg kein originelleres Gotteshaus finden als diese kleine schwimmende Kirche, die vor gut 100 Jahren zu Wasser gelassen wurde und heute beim Kehrwiedersteg vertäut liegt. Falls die einzige schwimmende Kirche Deutschlands nicht gerade auf Pilgerfahrt unterwegs ist!

Zwei Wochen vor Weihnachten im Jahr 1952 erhielt das Schiff seine Kirchweihe. Aus dem Frachtkahn Baujahr 1906, den die Deutsche Wehrmacht zu Kriegszwecken eingezogen hatte, wurde eine gut 26 Meter lange, über 7 Meter breite Kirche mit 130 Plätzen. Die Pfeifenorgel kam neun Jahre später an Bord, doch weil »Flusi« kein Schiff, sondern eine Schute ist, musste auch ihre nautische Ausrüstung peu á peu auf Vordermann gebracht werden. Nicht nur eine Lenzpumpe, drei Rettungsringe, Leinen und Bootshaken, auch einen portablen Landungssteg und einen über 100 Kilogramm schweren Anker bekam sie dazu.

Schließlich war himmlischer Beistand ganz dringend nötig, denn zu guter Letzt stand der Umbau vor der größten Herausforderung, und da half nur noch beten. Damit die Flussschifferkirche auf Pilgerfahrt gehen konnte, mussten der Glockenturm und die 70 Kilogramm schwere Glocke demontierbar gemacht werden, denn für die meist weniger als fünf Meter hohen Brücken ist der Turm mit dem goldenen Kreuz darauf fast zwei Meter zu hoch. Aber auch das gelang, und »Flusi« konnte auf große Fahrt gehen.

Wer sonst nur am Geburtstag von Gottes Sohn in die Kirche geht und sonntags lieber länger schläft, wird sich freuen zu hören, dass auf der evangelisch-lutherischen Flussschifferkirche erst am Nachmittag um 15 Uhr gepredigt wird. Inspirierender Einstieg könnte ein Gottesdienst am ersten Sonntag des Monats sein, wenn die Predigt einem maritimen Thema gewidmet ist. Besondere Empfehlung ist der vierte Sonntag im Monat, an dem op Platt gepredigt wird.

Adresse Hohe Brücke 2, 20459 Hamburg-Altstadt | **ÖPNV** U-Bahn 3, Haltestelle Baum-wall | **Öffnungszeiten** Gottesdienst jeden Sonntag um 15 Uhr | **Tipp** Auf der gegenüber-liegenden Fleetseite wird im Theater in der Speicherstadt der »Hamburger Jedermann« aufgeführt.

33 Die FrauenFreiluftGalerie

»Ohne Not geht niemand zu den Fischen«

Die Tradition monumentaler Wandgemälde (sogenannte Murales) mit sozialkritischen Darstellungen stammt aus Mexico City. Einer der wichtigsten Vertreter des Muralismo war Diego Rivera, der außerhalb Mexikos als Ehemann von Frida Kahlo (1907 – 1954) bekannt ist. Da ein großer Teil der Bevölkerung von Mexico City in den 1920er Jahren weder lesen noch schreiben konnten, ließ die Regierung statt Plakatparolen lieber Bilder sprechen. Für Fresken mit populären Inhalten wie Revolution, Fortschritt und Würdigung der indigenen Bevölkerung Mexikos wurden die drei größten Maler der mexikanischen Moderne, José Clemente Orozco, Diego Rivera und David Alfaro Siqueiros beauftragt.

In der Großen Elbstraße in Altona entstand auf Initiative der FrauenFreiluftGalerie eine Straßengalerie mit Murales zur Frauenarbeit in Hamburg, auf denen die Geschichte der Hafenarbeiterinnen und ihre Arbeitsbedingungen gezeigt werden. Sie erinnern an weibliche KZ-Häftlinge, die im Hafen arbeiten mussten, und an den Streik der Kaffeeverleserinnen, der 1896 dem Hafenarbeiterstreik vorausging. Inzwischen sind die farbenprächtigen Straßengemälde überall in der Großen Elbstraße zu sehen.

Das erste Fresko »Frauenarbeit in der Fischindustrie« entstand am Gebäude von Hummer Pedersen und ist eine internationale Zusammenarbeit von drei Malerinnen. Die argentinische Künstlerin Cecilia Herrero, Janet Pavone aus New York und Hildegund Schuster aus Hamburg haben in ihrem diagonal über die Hausecke laufenden Gemälde Frauen bei der Fischverarbeitung im Hafen dargestellt. Die Arbeiterinnen mussten in Kälte, Nässe und Zugluft arbeiten, der Fischgestank haftete penetrant an Händen, Gesicht und Kleidung. Häufig wurde von den Arbeiterinnen Akkordarbeit gefordert, doch ihre Löhne lagen über ein Drittel unter den Löhnen für männliche Arbeitskräfte. »Ohne Not geht niemand zu den Fischen«, hieß es deshalb.

Adresse Große Elbstraße 152, 22767 Hamburg-Altona, www.frauenfreiluftgalerie.de |
ÖPNV S-Bahn 1, 2, 3, Haltestelle Königstraße | **Öffnungszeiten** Besichtigungs-
termine weiterer Wandgemälde der FrauenFreiluftGalerie unter Tel. 040 / 392551,
www.frauenfreiluftgalerie.de | **Tipp** Die Große Elbstraße entlang verkaufen zahlreiche
Händler fangfrischen Fisch und Meeresfrüchte.

34 Die Gedenktafeln für die jüdischen Gräber

Friedhof im Supermarkt

Es ist ein bizzarer Anblick. Im Plexiglas der angeschraubten Gedenktafeln für 4.500 jüdische Tote spiegelt sich die rote Neonschrift der Hennes & Mauritz-Filiale. Die unauffälligen Tafeln wurden neben den Treppen zum Untergeschoss, der letzten Etage über dem Erdreich des jüdischen Friedhofs, angebracht. Inzwischen gehört das 1995 eröffnete »Mercado« fest zur Ottenser Hauptstraße, die aufsehenerregenden Ereignisse, die den Bau des Einkaufszentrums begleiteten, sind heute beinahe in Vergessenheit geraten.

Als nach dem Zweiten Weltkrieg das Terrain des jüdischen Friedhofs an die neu gegründete jüdische Gemeinde in Hamburg und die Jewish Trust Corporation for Germany zurückgegeben wurde, war von dem Friedhof äußerlich nichts mehr übrig. Leichenhalle und Kapelle waren bereits 1937 abgerissen und der Friedhof bis 1942 von den Nazis zerstört worden. Die jüdische Gemeinde benötigte nach dem Krieg dringend Geldmittel für den Neuaufbau jüdischen Lebens. Aus diesem Grund kam es 1950 zum Verkauf des Areals des ehemaligen jüdischen Friedhofs an den Hertie-Konzern. Als das Hertie-Kaufhaus gebaut wurde, stieß man auf Gebeine der Toten, die auf den Ohlsdorfer Friedhof umgebettet wurden.

1990 wurde eine Hamburger Firmengruppe Neueigentümer des Hertie-Kaufhauses und entschied, es abzureißen. Der Beginn der Aushubarbeiten für das geplante Einkaufszentrum »Mercado« führte zu einem Eklat. Als die Bagger menschliche Knochen und Trümmer jüdischer Grabstätten zutage förderten, gab es weltweiten Protest gegen die Bauarbeiten. Der Jerusalemer Oberrabbiner Itzhak Kolitz musste als Gutachter nach Altona bestellt werden und erlaubte schließlich unter eingeschränkten Bedingungen den Abschluss der Bauarbeiten. Die Erde wurde nicht ausgeschachtet. Über weitere vermutete Gräber und Gebeine wurde eine Betonplatte gegossen.

אדם

אתה עומד עליו

כי המקום אשר

אל תקרב הלם

denn die Stelle,

auf der Du stehst, ist heiliger Boden

t näher.

Adresse Ottenser Hauptstraße, 22765 Hamburg-Ottensen | **ÖPNV** S-Bahn 2, 3, 31, Haltestelle Altona | **Öffnungszeiten** Mo – Mi, Sa 10 – 20 Uhr, Do, Fr 10 – 21 Uhr | **Tipp** Spuren jüdischen Lebens in Hamburg folgt der Stadtplan der Deutsch-Israelischen Gesellschaft, kostenlos erhältlich unter www.dighamburg.de.

35__Das Gipfelkreuz Hasselbrack

»Nie gehört!«

Es ist eine Herausforderung, Hamburgs einziges Gipfelkreuz zu fin den, weil man kaum auf jemanden trifft, der in seinem Leben je et was von Mount Hasselbrack gehört hat! Erst recht nicht unter de nen, die nach eigener Auskunft schon seit 20 Jahren in Alvesen wohnen und in den Harburger Bergen wandern, reiten und ihre Hunde ausführen. Nein, wiederholt sich bei jeder Nachfrage die im mer gleiche Auskunft, einen Berg Hasselbrack könne es im Harbur ger Forst nicht geben, denn sonst hätte man ja längst von ihm gehört!

Die Erklärung dafür war schwer zu finden, doch schließlich leicht zu verstehen. Der Hasselbrack ist ein Hamburger im Exil, ein von seinen Hamburger Freunden hochdekoriertes montanes Politikum, umgeben von Landesgrenzen und einer stattlichen Anzahl nieder sächsischer Berge, die deutlich höher sind als er. Der höchste Berg Niedersachsens ist der Wurmberg im Harz mit einer Höhe von 971 Metern. Die Höhe des Hasselbracks beträgt 116 Meter über NN, nur etwa ein Achtel der Wurmbergspitze. Kein Wunder, dass ihm die Niedersachsen die kalte Schulter zeigen.

Eine schöne Waldwanderung erwartet diejenigen, die sich ins Gipfelbuch eintragen wollen, das zünftig unterm Gipfelkreuz in ei ner Wetterkiste liegt. Vielleicht weist eines Tages ein Schild auf den Hasselbrack hin. Bis dahin könnte man die Harburger Spaziergän ger mal auf eine neue Art nach dem Weg fragen, zum Beispiel so: »Verzeihung, wo geht's zum Hasselbrack?« – »Hä? Kenne ich nicht! Nie gehört!« – »Macht nichts, ich erklär's Ihnen gern! Vom Wan derparkplatz bei der Endhaltestelle Waldfrieden (Kehre) aus folgen Sie dem Falkenbergsweg bis zum Moisburger Stein, den lassen Sie rechts liegen und gehen geradeaus weiter. An der zweiten Abzwei gung rechts beginnt der Aufstieg. Die Strecke ist circa 2,5 Kilome ter lang und gut zu gehen. Gern geschehen!«

HASSELBRACK   116,2 m

Adresse Für alle, die ein GPS-Navigationsgerät mitnehmen, hier die Koordinaten des Gip-felkreuzes: N53 25.826 und E9 51.840 | ÖPNV Bus 240, Haltestelle Waldfrieden (Kehre) | Tipp Die »Kajüte« in Rosengarten serviert täglich ab 18 Uhr, sonntags ab 12 Uhr, was Leib und Seele zusammenhält.

16.7.2011

36 Das Glasdach im Levantehaus

Verwandlungen in Geschichten aus Glas

Das Levantehaus wurde 1912 als Hubertushof gebaut, doch der berühmteste Mieter, die Deutsche Levante-Linie, gab ihm seinen heutigen Namen. Levante, italienisch für Morgenland, bezeichnete in der Schifffahrt die Länder des östlichen Mittelmeeres. Innen birgt das Levantehaus in luftiger Höhe einen seltenen Schatz. Ganz unerwartet entdeckt der Besucher das Glasdach »Lebensbilder« (1997) der Künstlerin Ada Isensee, ein farbenprächtiges, zur Mitte hin konzentriertes großes Weltmodell.

Von Stockwerk zu Stockwerk entfalten sich die phantasievollen Einzelheiten des erzählenden Bildes. Außen durchschwimmt eine 35 Meter lange Schlange ein dunkles Wasser, im Mittelpunkt strahlt flammend die Sonne. Der Körper der Schlange ist kreisförmig und umrahmt das Bild als Symbol der großen Einheit des Lebens, in der Helles und Dunkles noch vereinigt ruhen. Doch durch das einfallende Licht wird das Glasbild zum Leben erweckt, die Schöpfung beginnt und entwickelt Geschichten des menschlichen Lebens von Liebe, Feindschaft und Verwandlung. Ada Isensees Lebensbilder sind kreisförmig angeordnet, wie die Ziffern auf einer großen Uhr. So werden aus mythologischen Stoffen die Geschichten der Lebenszeit jedes Menschen.

Auf einem der empfindsamen Bilder sieht man die durchsichtige Nymphe Daphne, die sich auf der Flucht vor Apollon in einen Lorbeerbaum verwandelt hat. Ihr langes Haar bildet die Blätter des Baumes, seine Rinde umschlingt schützend ihren Leib. Doch selbst das Thema der Verwandlung wird sich im Verlauf der Lebensbilder noch ändern. Ein Stück weiter im Kreis erscheinen die beiden Liebenden Philemon und Baucis aus Ovids Metamorphosen. Sie baten die Götter, sich in zwei Bäume verwandeln zu dürfen, um für immer beieinander zu sein und sich nie voneinander trennen zu müssen.

Adresse Mönckebergstraße 7, 20095 Hamburg-Altstadt | **ÖPNV** S-Bahn 1, Haltestelle Hauptbahnhof | **Öffnungszeiten** Mo – Sa 10 – 19 Uhr. Auf Anfrage an der Hotelrezeption kann das Kunstwerk auch im Hyatt Hotel besichtigt werden. | **Tipp** Im Levantehaus laden exklusive Ladengeschäfte zum Schaufensterbummel ein.

37 Der Golden Pudel Club
Elbphilharmonie der Herzen

Am Fuß der Hafentreppe, neben den River Kasematten, hängt am Zaun ein kleiner Holzkasten mit der Aufschrift »Pudelpost«. Dahinter tragen unterm Balkon zwei Graffitipudel Runde um Runde aus und halten sich wacker. Bis zur Hans-Albers-Stunde (nachts um halb eins) ist der Boden der Tanzfläche noch zu sehen. Das ändert sich schlagartig gegen eins, wenn es plötzlich rappelvoll wird, und von da an bleibt der Golden Pudel bis in die Morgenstunden, wie Hamburger ihre Clubs auf St. Pauli lieben: heiß, eng und laut.

Rote Lichter spiegeln sich in zwei Discokugelturbinen, die an der Decke funkeln. Die Einrichtung ist eine Melange aus Boudoir und U-Bahn-Schacht, die Decken niedrig, an den Wänden Graffiti. Vorn ist die Bar, wie seit eh und je wird Astra boykottiert. Pudelchef Rocko Schamoni hat einfach keine Lust auf berühmte Sachen. Kleine Bierpullen gibt's zwar, aber mit Dithmarscher Urtyp drin (1,90 Euro). Der Eintritt liegt bei drei Euro, und das Publikum ist entsprechend bodenständig. Viele sind schon länger über 40, schließlich gibt es den Club schon über 20 Jahre.

Der Pudel ist sich treu geblieben und wird dafür geliebt, die eingeladenen DJs legen Elektro auf, manchmal gibt es Konzerte. Musikalisch liegt des Pudels Kern im Punkrock, die schmuddelige Kernigkeit hat er mit dem ehemaligen »Subotnik« in Ottensen oder der unvergessenen »Soulkitchen« in St. Pauli gemeinsam. Gegründet wurde der Pudel Club von Rocko Schamoni und Schorsch Kamerun. Rocko hat früher in Rollo Aller! mitgespielt, Schorsch ist Sänger der Hamburger Punkband Goldene Zitronen.

Zur Geschichte des Pudels gibt's das übliche Familienalbum süßer Erinnerungen an Stars, die dort auftraten, als sie noch gar keine waren (Helge Schneider, Lassie Singers) und Bands, die im Pudel noch mal ihre Gitarren auspackten und unplugged weiterspielten. Und draußen vor den Fenstern der Tanzfläche glitzert der nächtliche Hafen.

38 Der Grenzpfahl Nobistor

Nobis bene – uns das Gute

So ganz ernst kann man die unschuldige Inschrift nicht nehmen, mitten auf der sündigen Meile. »Nobis bene, nemini male« (»uns das Gute, den anderen nichts Schlechtes«) steht auf dem alten Grenzpfahl, dahinter flimmern die Lichter einer Tabledance-Bar. Aber wie es am Nobistor mal zugehen würde, konnten seine Erbauer schließlich auch nicht ahnen.

Mit Hamburgs historischen Stadttoren ist das Nobistor nicht vergleichbar, denn es blieb während der Nacht passierbar. Unter der Inschrift ist das Stadttor Altonas zu sehen, das im Gegensatz zum Stadttor auf dem Hamburgwappen offen ist. Die Initialen CR (Christian Rex) gehören dem dänischen König Christian VIII. Zu Füßen der Schutzgöttin Athene sitzt ihr Weisheitssymbol, die Eule, die als wachsamer Vogel den Nachtwächter ersetzt. Die vier zierlichen Harpyien oben auf den Ecken des Pfostens haben selbst für die Reeperbahn eine ganz schön respektable Oberweite.

Lange war der Verlauf der Grenze zwischen Hamburg und Altona nicht eindeutig bestimmt. Selbst die Standorte der Durchfahrten, von denen das Nobistor die Grenze zwischen Altona und der hamburgischen Vorstadt St. Pauli markierte, waren eher provisorische Versuche beider Städte, eine Grenze zwischen sich festzulegen.

Im Auftrag des dänischen Königs brachte Volkmar von Schomburg Hamburg und Altona dazu, sich auf feste Stadtgrenzen zu einigen. Es folgten akribische Bemühungen beider Städte, ihre Grenzen zu markieren. Statt Grenzpfählen zogen die Ratsmitglieder Grenzsteine vor, doch ein unerwartetes Problem tauchte auf, als »eigennützige und boshafte Leute«, wie es in den Hamburgensien heißt, sich einen Jux machten und die neu aufgestellten Grenzsteine umwarfen, wegrollten oder sogar stahlen. Man probierte es daraufhin mit Grenzsteinen, die in den Boden eingelassen wurden. Ab 1938 schloss das Groß-Hamburg-Gesetz der Nazis Altona und Hamburg zu einer Stadt zusammen.

Adresse Reeperbahn 170, 20359 Hamburg-St. Pauli | **ÖPNV** S-Bahn 1, 2, 3, Haltestelle Reeperbahn | **Tipp** Ein paar Meter weiter findet sich der Beatles-Platz, nach dem Entwurf der Architekten Dohse & Stich gestaltet wie eine Schallplatte, auf der die Beatles musizieren.

39___ Der Grundriss der Synagoge

»Möge die Zukunft die Nachfahren vor Unrecht bewahren«

Im Jahr 1902 erwarb die jüdische Gemeinde am Bornplatz ein Grundstück, auf dem die größte Synagoge Nordeuropas mit Platz für 1.100 Gläubige entstehen sollte. Zwei Jahre später begann der Bau nach Plänen der Architekten Ernst Friedheim und Semmy Engel.

Die Synagoge war nicht nur als jüdisches Gotteshaus gedacht, ihr Baustil und ihre äußere Gestaltung sollten darüber hinaus verdeutlichen, dass Juden und Christen gleichberechtigt miteinander lebten. Erbaut im neuromanischen Stil christlicher Kirchen, war der imposante, frei stehende Bau als Zeichen der Integration jüdischen Lebens in Hamburg gedacht. Den kostbaren Toraschrein aus schwarzem und weißem Marmor stiftete die Bankiersfamilie Warburg der Synagoge.

Schon 1930 mehrten sich im Grindelviertel antisemitische Vorfälle, bei denen die Besucher der Gottesdienste belästigt wurden. Vergeblich versuchte die jüdische Gemeinde, den andauernden Provokationen auszuweichen und forderte ihre Gemeindemitglieder auf, sich nicht vor der Synagoge zu versammeln. An hohen jüdischen Feiertagen musste mit Polizeischutz für den ungestörten Ablauf der Gottesdienste gesorgt werden. In der Pogromnacht wurde die Synagoge verwüstet. Ein halbes Jahr später wurde die jüdische Gemeinde von den Nazis zum Abriss ihres Gotteshauses und der Rückgabe des Baugrundstücks an die Stadt gezwungen.

50 Jahre nach der Zerstörung wurde der Platz nach dem Entwurf der Künstlerin Margrit Kahl mit einem ungewöhnlichen Bodenmosaik neu gestaltet. Lage und Größe der ehemaligen Synagoge wurden von ihr durch dunkles Mosaikpflaster und polierte schwarze Granitsteine dargestellt. Der östliche Teil des ehemaligen Bornplatzes, seit 1989 nach dem deportierten und ermordeten Rabbiner Joseph Carlebach benannt, ist heute nur für Fußgänger begehbar.

Adresse Joseph-Carlebach-Platz / Allende-Platz, 20146 Hamburg-Rotherbaum | **ÖPNV** Metrobus 5, Haltestelle Grindelhof | **Tipp** Ein paar Meter weiter den Grindelhof entlang lohnt sich ein Besuch im jüdischen Café »Leonar«, Grindelhof 87.

40__ Das Hafenbahnhof-Café

Kleines Haus, großes Herz

Wenn Mary Poppins ihren Koffer in ein Haus verzaubern würde, sähe es wie das Hafenbahnhof-Café aus. Wer sich von der Fischauktionshalle aus auf den Weg dorthin macht, läuft eine ganze Weile an Hafenkneipen und Fischgroßhändlern vorbei, denn die Große Elbstraße ist lang. Das frei stehende Backsteinhaus mit der Nummer 276 liegt hinter einer halbhohen Mauer, seit die Straße im Mai 2009 zum Schutz vor Hochwasser aufgeschüttet und erhöht wurde.

Fröhlich schaukeln bunte Wimpel am Eingang von Hamburgs kleinstem Musikcafé. Mit 42 Quadratmetern ist es gerade so groß wie eine Junggesellenbude. Aber beim Hafenbahnhof-Café muss Zauberei im Spiel sein, denn hier ist Platz für eine Bühne, auf der Musik gemacht und getanzt oder gelesen wird, einen Tresen und lauschig-plauschige Zweiertische. Montags gibt es Jazz, zweimal im Monat eine Lesung und jeden zweiten Freitag geht die Magic Soul Box auf.

Früher gehörte der kleine Ziegelbau zur Hafenbahn Altona und war Werkstatt und Aufenthaltsraum der Bahnwärter. Von hier führten die Gleise der Hafenbahn etwa 200 Meter weit zum Schellfischtunnel, heute ist davon nur noch das ehemalige Gleisbett zu sehen. Nachdem das Häuschen in den 1970er Jahren als Büro der Altonaer Hafenbahn ausgedient hatte, wurde in den 1980er Jahren ein Übungsraum für Bands und noch später ein Kiosk daraus. Nichts schien sich mehr zu halten im Hafenbahnhof, so ausgelaugt war er von seiner 100-jährigen Historie, brauchte Pflege und Liebe, denn Häuser haben erst recht eine Seele.

Es dauerte ein paar Jahre, dann wurde er wiederentdeckt, mit allem Drum und Dran auf Vordermann gebracht und eröffnete im Mai 2006 als Café, Bar, Jazzbühne und Club. Zwei Sommer später wurde die Terrasse eingeweiht. Sie lädt dazu ein, in der Sonne zu klönen, bevor sich das Hafenbahnhof-Café nach Sonnenuntergang mit DJs und Tanzfläche in einen Club verwandelt.

Adresse Große Elbstraße 276, 22767 Hamburg-Altona | **ÖPNV** Bus 112, Haltestelle Elbberg | **Öffnungszeiten** Mo 21–1 Uhr, Di–Mi 18–1 Uhr, Do 18–2 Uhr, Fr 18–3 Uhr, Sa 19–5 Uhr, So 12–18 Uhr | **Tipp** Oberhalb des Cafés beginnt die Straße Neumühlen, in weniger als einem Kilometer westwärts führt sie an den Elbstrand.

41__Die Hafenkneipe »Zum Schellfischposten«

Im Hafen zu Hause

Die Wirtin vom »Schellfischposten« empfängt ihre Gäste so herzlich, als würde man sich schon Jahre gut kennen. Der Schellfischposten war schon ein Stück Hafengeschichte, bevor er die urigste Seemannskneipe Altonas wurde. Hier, an der Köhlbrandtreppe, lag die Endstation der Hafenbahn, die vom Altonaer Fischmarkt zum Altonaer Bahnhof fuhr. Nach oben, die Treppe hoch, ging es ins Wohngebiet der Arbeiter.

Heute kommt die Wirtin mit strahlenden Augen durch die Tür und hievt einen Schwung Rumflaschen auf den Tresen. Die gute alte Zeit, als die Endhaltestelle der Hafenbahn »Schellfischposten« hieß, dokumentieren Fotos an den Wänden. Damals, vor über 100 Jahren, war die Kneipe am ehemaligen Altonaer Holzhafen ein Wartehäuschen für die Fahrgäste. Die Größe ist geblieben, im Schellfischposten ist nicht viel mehr Platz als in einer Kajüte.

Man kann sich den originalen Schrumpfkopf anschauen und über Sein oder Nichtsein sinnieren. Verglichen damit sind die Fotos der großen Waterkantstars aber viel hübscher. Eine ganz schöne Wall of Fame ist da zusammengekommen. Dicht an dicht hängen die Fotos von Sängern und Schauspielern an der Wand, die meisten mit persönlichen Grüßen und dickem Autogramm drauf.

Das Juwel in der Krone ist »Inas Nacht« mit Ina Müller und dem Shantychor »Tampentrekker«, der vor dem Fenster singen muss, weil es drinnen so schon verteufelt eng ist. Zwei Tische für je sechs Gäste passen in den Schellfischposten, mehr gehen nicht hinein. Wenn das Fernsehen weg ist, wird erst recht Musik gemacht. Lotto King Karl hat schon unterm Schrumpfkopf gesungen und Franz Jarnach, Dittsches Sparringpartner »Schildkröte«, sitzt auch gern mal im Schellfischposten am Klavier. Getreu dem Motto des Hauses: »Ob jung oder alt, ob arm oder reich, im Schellfischposten sind sie alle gleich.«

Adresse Carsten-Rehder-Straße 62, 22767 Hamburg-Altona | **ÖPNV** S-Bahn 1, 3, Halte-stelle Königstraße | **Öffnungszeiten** Mo – Sa ab 12 Uhr, sonntags zum Fischmarkt schon ab 8 Uhr | **Tipp** Ein paar Häuser weiter, Große Elbstraße 84 im »Hafenklang«, treten Bands auf, absolut empfehlenswert.

42 _ Das Hainesch-Iland

Im Reich der Eisvögel

Fünf Walddörfer lagen im Mittelalter vor den Stadtmauern Hamburgs, eins davon das seit 1248 urkundlich erwähnte Bergstedt, in dem Hainesch-Iland liegt. Schon während der Bronzezeit wurden die Felder der Walddörfer bewirtschaftet. Der Flurbegriff Hainesch bezeichnet eine Saatfläche, Iland ist der niederdeutsche Ausdruck für die Hochflächen über der eiszeitlichen Schlucht, durch die vor mehr als 10.000 Jahren das Schmelzwasser rauschte. So formte sich das Flussbett des schmalen Flüsschens Saselbek, dessen reicher Fischbestand einen der schönsten und seltensten einheimischen Vögel zurück nach Hainesch-Iland gelockt hat. In niedrigen, von Wurzelwerk durchzogenen Lehmböschungen unterhalb des Schönsbergs, wo die Saselbek schmal ist und das dunkle, klare Wasser flink über die Kieselsteine strömt, haben Eisvögel ein Brutrevier gefunden. Wie Kolibris schwirren die türkis schillernden Vögel im Rüttelflug in der Luft oder sitzen über dem glucksenden Bach in den Zweigen und halten nach Fischen Ausschau. Den hohen, durchdringenden Pfiff der Eisvögel im schnellen Flug direkt über der Wasserfläche hört man von der Terrasse der Mühle aus. Der Lockruf ist ein klares, kurzes »tji«, der Warnruf länger und schneidend.

Eisvögel stellen ganz eigene Ansprüche an ihre Umgebung und sind besonders darauf angewiesen, dass ihr Lebensraum geschützt wird. Sie bevorzugen überhängende, für Feinde schwer zu erreichende Böschungen für den Bau ihrer mindestens 50 Zentimeter langen Bruthöhlen, in denen sie sowohl während des Frühlings als auch im Sommer und Spätsommer brüten.

Nur durch Teile des Hainesch-Iland führen Wanderwege. Man kann das Gebiet von der Straße Iland aus erkunden, die Uferhänge erreicht man hinter der Bergstedter Mühle. Weite Sumpfwiesen umgeben den Mühlenteich, auf denen im Mai violettes Breitblättriges Knabenkraut blüht. Es darf bewundert, aber nicht gepflückt werden.

Adresse Iland, 22395 Hamburg-Bergstedt | **ÖPNV** Bus 174, Haltestelle Iland | **Tipp**
Vor dem Ausflug ist es nützlich, sich den Ruf des Eisvogels unter www.nabu.de anzuhören.

43 Die Hans-Albers-Villa in Rissen

Refugium eines Weltstars

Es gibt in keiner anderen Stadt so schöne weiße Villen wie in Hamburg. An manchen kommt man einfach nicht vorbei, ohne kurz stehen zu bleiben und sie zu bewundern. Ein besonderes Beispiel dafür findet man im Rissener Melkerstieg. Dieses Haus hat eine besondere Geschichte, denn hier wohnte ein Schauspieler, der seine Heimatstadt Hamburg in der ganzen Welt berühmt gemacht hat. Seine Stimme war fast noch schöner als seine blauen Augen, da ist es kein Wunder, dass bei »La Paloma« und »Nimm mich mit, Kapitän« heute wie damals die Herzen auf St. Pauli schmelzen. Hier in Rissen, ganz stilvoll am westlichen Stadtrand, hat er gewohnt, der blonde Hans. Die vornehme Auffahrt der Villa führt an weißen Gartenlaternen vorbei im Kreis um ein Beet herum, in dem Hortensien und Ziergräser wachsen. Dahinter sieht man schlanke Säulen den Eingangsbereich der elfenbeinfarbenen Villa säumen.

Als Hans Albers das Haus für seine Schwestern kaufte, war das Grundstück größer als heute, es reichte damals bis zum Marschweg. Haus und Auffahrt jedoch befinden sich bis heute im Originalzustand. Bauherr Wolff hatte die ebenso herrschaftliche wie behagliche Villa 1912 errichtet. Wann immer Hans Albers in Hamburg war, wohnte er lieber in der ruhigen Zurückgezogenheit seines eigenen Hauses als in den Hotels der Stadt.

Albers' Schwester Mimi lebte bis an ihr Lebensende im Jahre 1963 in der Villa in Rissen. Das Haus strahlt mit seinen 100 Jahren wie frisch aus dem Ei gepellt. Als könnte sich gleich die Tür öffnen und heraus träte der berühmteste Sohn der Hansestadt. Mit blitzenden Augen, den weißen Hut fesch in die Stirn gedrückt, straff und zufrieden mit sich und der Welt, käme er leichtfüßig die Auffahrt herunter und wenn wir ihm zuwinkten, höbe er die Hand und winkte zurück.

Adresse Melkerstieg 16, 22559 Hamburg-Rissen | **ÖPNV** S-Bahn 1, Haltestelle Rissen | **Tipp** Zum Naturschutzgebiet Schnakenmoor sind es nur knapp zwei Kilometer, dort wartet eine einmalige Landschaft auf Spaziergänger.

44 __ Das Haus Deichstraße 44

Hamburg und der Große Brand 1842

Am 5. Mai 1842 brach nachts um ein Uhr im Haus des Tabakhändlers Eduard Cohen in der Deichstraße 44 Feuer aus. Man liest zwar manchmal, das Feuer sei Deichstraße 42 ausgebrochen, doch historische Dokumente nennen als Brandherd ganz zweifelsfrei die Hausnummer 44. In den Lagerräumen der Nachbarhäuser fanden die Flammen reichlich Nahrung an Wolle, Papier und Hanf, das in großen Mengen für die Herstellung von Schiffstauen gelagert wurde.

Rasend schnell wuchsen die Flammen zu einer regelrechten Feuerwalze, größer, als sie sich Hamburgs Feuerwehr je hätte vorstellen können. Als nach vier Stunden alle Feuerwehrspritzen im Einsatz waren, glaubte bereits niemand mehr an ein baldiges Ende des Feuers. Die Flammen sprangen über den schmalen Fleet und griffen auf die gegenüberliegende Häuserseite über. Mittags wurden in den Hamburger Kirchen noch Himmelfahrts-Gottesdienste abgehalten, am Nachmittag erfassten die Flammen den hölzernen Kirchturm der St. Nicolaikirche, der eine Stunde später brennend auf die Straße stürzte. Die Kirchenschätze konnten nicht mehr geborgen werden und gingen in Flammen auf.

Um das Feuer von Südosten her aufzuhalten, wurde das alte Rathaus am Morgen des 6. Mai gesprengt, doch die Flammen drangen weiter vor und breiteten sich bis zum Jungfernstieg aus. Viele obdachlos gewordene Menschen hatten sich an die Binnenalster geflüchtet und sprangen ins Wasser, als das Feuer die ersten Bäume der Promenade erfasste. Mit den letzten Löschwasserreserven gelang es, die Hamburger Börse zu retten.

Am dritten Tag des Brandes griff das Feuer auf die Petrikirche über, die zusammenstürzte. Erst am Sonntag, den 8. Mai wurde der Brand dort gelöscht, wo seit dem Wiederaufbau die Straße Brandsende heißt. Der Große Brand von 1842 zerstörte ein Drittel der Hamburger Altstadt. Annähernd 20.000 Menschen wurden obdachlos, 50 Menschen verloren im Feuer ihr Leben.

Adresse Deichstraße 44, 20459 Hamburg-Altstadt | ÖPNV U-Bahn 3, Haltestelle Rödingsmarkt | Tipp Die Deichstraße ist einmalig schön, hier ist jedes Haus eine Sehenswürdigkeit.

45___Der Hirschpark

Im Garten des Dichters und der Tänzerin

Bevor es zum Tee ins »Witthüs« geht, noch ein kurzer Spaziergang durch den malerischen Park und die Geschichte seiner berühmten Bewohner. In dem urigen weißen Reetdachhaus unter den alten Bäumen lebte Hans Henny Jahnn. Als Hamburg ihm 1956 den Lessingpreis verlieh, baute er vom Preisgeld eine Zentralheizung ein. Im dahinter liegenden Landhaus mit klassizistischen Säulen und Freitreppe, in dem heute ihre Tanzschule untergebracht ist, arbeitete Lola Rogge. Beide waren leidenschaftliche Exzentriker. In einem Versspiel von Jahnn mit dem Titel »Der Raub der Europa« spielte Rogge die liebliche Europa, kämpfte gegen einen Tiger (keinen echten!) und stand nackt vor dem Publikum, während Jahnn, im ballonartigen Harlekinkostüm aus lila und grüner Seide um sein Leben fürchtete, als die Menge vor Begeisterung raste und die Bühne stürmte.

Seit das reetgedeckte Haus als Teestube und Restaurant eröffnete, ist der Hirschpark bei den Hamburgern immer beliebter geworden. Man spürt noch die einstige Atmosphäre eines Gartens in dem vornehmen Park an der Elbchaussee, der im Sommer längst als romantischer Ort für Hochzeitsfeiern gefragt ist.

Familie Godeffroy erwarb das Grundstück 1786 und legte einen englischen Garten und ein Hirschgehege an. Das Landhaus der Lola Rogge Schule ist nach dem Entwurf von Baumeister Christian Frederik Hansen gebaut worden, der damals in Altona ein Stararchitekt war und dessen Bürgerhäuser bis heute die Palmaille schmücken.

Inzwischen hat das »Witthüs« eine begehrte Auszeichnung bekommen. Der Michelin zählt es zu den besten Restaurants von Hamburg. Das hausgemachte Gewürzbrot wird täglich frisch gebacken, nach einem geheimen, anthroposophischen Rezept. Draußen an der Terrasse erinnert eine Büste an Hans Henny Jahnn, und am Eingang Mühlenberg wurde ihm zur Ehre ein Findling aufgestellt.

Adresse Hirschpark, 22587 Hamburg-Nienstedten | ÖPNV Bus 286, Haltestelle Mühlenberg | Öffnungszeiten Café Witthüs: täglich 14–18 und 19–22 Uhr | Tipp Den Mühlenberg hinunter ist man in ein paar Minuten am Elbstrand.

46__ Der Hochbunker Vorsetzen

Ein bombensicherer Turm

Heute beherbergt der ehemalige Hochbunker Vorsetzen ein erstklassiges portugiesisches Restaurant. Nur ein monumentaler Reichsadler, der noch über dem Eingang prangt, erinnert an die ursprüngliche Bestimmung des Rundbaus. Während des Nationalsozialismus gab es in Hamburg über 1.000 Bunker. Deren größter konnte bis zu 5.000 Menschen aufnehmen und ist heute das Parkhaus unter dem Spielbudenplatz.

Die zwölf Hochbunker, von denen heute noch zehn stehen, waren Betontürme mit 1,5 Meter dicken Wänden. Die Dächer waren kegelförmig, um aufschlagende Treffer abprallen zu lassen. Als sie errichtet wurden, sollte der Eindruck vermieden werden, es sei zu befürchten – oder auch nur möglich! – dass Deutschland angegriffen wird. Um die massigen Türme möglichst stimmig ins Stadtbild einzufügen, wurde die Betonkonstruktion mit Ziegeln verklinkert. Auf diese Weise sollten die Hochbunker äußerlich an die Bautradition mittelalterlicher Wehrtürme, etwa des Holstentores in Lübeck, erinnern.

Der Standort des Hochbunkers Vorsetzen liegt zwischen verkehrsreichen Straßen und dem Hafen. Bei einem Angriff sollten die Hafenarbeiter und Passanten hier Schutz finden. Das Innere des Turms folgte dem Entwurf Paul Zombecks und war dafür konzipiert, möglichst viele Menschen in kürzester Zeit aufzunehmen und Staubildungen zu vermeiden. Auf Treppenanlagen wurde verzichtet, stattdessen führte im Inneren eine stufenlose Ebene ansteigend in sechs Runden um den Turm herum.

Die Hochbunker sahen keine längeren Aufenthalte vor, sondern sollten bei Angriffen kurzfristig Schutz bieten. Holzbänke boten Sitzplätze für 510 Menschen, doch fanden bis zu 1.800 Schutzsuchende im Bunker Zuflucht. Über einen hoch liegenden zweiten Eingang konnte der Bunker verlassen werden, falls der Haupteingang durch Bomben verschüttet worden wäre.

Adresse Vorsetzen 70, 20459 Hamburg-Neustadt | **ÖPNV** U-Bahn 3, Haltestelle Baumwall | **Öffnungszeiten** Restaurant: Mo 17–23 Uhr, Mi–Fr 17–23 Uhr, Sa 15–23 Uhr, So 14–22 Uhr | **Tipp** Der nächste Zombeck-Turm steht am S-Bahnhof Sternschanze beim größten Wasserturm Europas, dem Schanzenturm, in dem heute ein Mövenpick-Restaurant einlädt.

47 Der Hummelbrunnen

Hummels grantiger Nachmacher

Den Weltruhm verdankt der Hamburger Wasserträger seiner schlechten Laune. Wenn die Kinder »Hummel, Hummel!« hinter ihm herschrien, schimpfte er zurück: »Mors, Mors!« Er wusste, dass die Kinder wussten, dass er nicht der bekannte und allseits beliebte Christian Hummel war. Sein Name, den längst niemand mehr kennt, lautete Johann Wilhelm Bentz. Nachdem der echte Hummel gestorben war, machte Johann Wilhelm Bentz (1787 – 1854) als Wasserträger für ihn weiter. Sogar in die Uniform seines Vorbildes zwängte er sich. Ohne Bentz' berühmte gnatschige Replik »Mors, Mors!« wären sicher beide, Original und Fälschung, in Vergessenheit geraten.

Am Rademachergang ließ der Verein geborener Hamburger 1938 den Wasserträger aufstellen. Denen kam es auf das waschecht Hamburgerische an, als sie 1897 ihren Heimatverein zum Schutz der städtischen Kultur vor den Quiddjes (hochdeutsch: den Fremden) gründeten, die der wahre Hamburger nur anhand eines einzigen Kulturkennzeichens von seinesgleichen unterschied: De Quiddje snackt nich op Platt.

Erbauer des Hummelbrunnens war Richard Kuöhl, der in den 1920er und 1930er Jahren mit Skulpturen, Keramiken und Reliefs das Gesicht der Hansestadt prägte. Kuöhl entwickelte die Klinkerkeramik, für die Ziegel bei besonders hoher Temperatur gebrannt werden. Die Klinker, benannt nach dem hellen, harten Klang, der entsteht, wenn man sie aneinanderschlägt, sind besonders widerstandsfähig gegen Witterung und dadurch für Baukeramik besser geeignet als gewöhnliche Ziegel.

Hier im Gängeviertel kann man Richard Kuöhls Spuren folgen; der Bauschmuck an den Hauseingängen auf der Ostseite des Kornträgergangs stammt ebenfalls von ihm. Zu seinem 75. Geburtstag vertraute der Künstler Journalisten einen besonderen Wunsch an: Er würde so gern den Hummelbrunnen endlich einmal mit fließendem Wasser sehen, wie es sich für einen richtigen Brunnen gehört!

Adresse Rademachergang, 20355 Hamburg-Neustadt | ÖPNV S-Bahn 1, 2, 3, Haltestelle Stadthausbrücke; U-Bahn 2, Haltestelle Gänsemarkt | Tipp Absolut einmalig und besonders zu empfehlen ist die »Hummel Tour«, der historische Stadtgang des bekannten Autors Michael Moellers; Anmeldung unter Tel. 040 / 41929446, Informationen unter www.hummeltour.de.

48 Der Hygieia-Brunnen
Im Gedenken an die Opfer der Cholera

Beinahe über Nacht verwandelte Hamburg sich in ein Seuchengebiet. Nachdem er im August 1892 offiziell den Ausbruch der Choleraepidemie bestätigt hatte, schrieb Professor Robert Koch in einem Brief: »Überall Menschen, die noch vor Stunden von Gesundheit strotzend und lebensfroh in den Tag hineingelebt hatten und nun in langen Reihen dalagen, von unsichtbaren Geschossen dahingestreckt.« Als dringendste Maßnahme zur Bekämpfung der Seuche forderte der spätere Nobelpreisträger die Versorgung mit sauberem Trinkwasser für alle Bewohner der Stadt. Die Cholerabakterien wurden damals noch mit ungefiltertem Wasser aus der Elbe in die Wohnungen der Armen geleitet, die es notgedrungen als Trinkwasser verwendeten.

In der unvorstellbaren Enge der damaligen Armenwohnungen breitete die Seuche sich rasend aus. Fassungslos schloss Robert Koch seine Visite des Gängeviertels mit den berühmten Worten: »Meine Herren, ich vergesse, dass ich in Europa bin!« Der Tropenmediziner Bernhard Nocht, ein ehemaliger Mitarbeiter Kochs, erwirkte die Einrichtung eines ärztlichen Überwachungsdienstes für den Hafen und wurde zum Hafenarzt ernannt. Bis heute trägt das Hamburger Tropeninstitut seinen Namen.

Im Innenhof des Rathauses errichtete 1895/96 der Bildhauer Joseph von Kramer den Hygieia-Brunnen. In einem weiten, flachen Becken steht barfüßig die Göttin Hygieia und hält eine Schale empor, aus der klares Wasser herabströmt. Den wütenden Drachen Cholera hat sie besiegt. Zwischen den Brunnenfiguren, die zu Füßen der Göttin verweilen, entdeckt man ornamental verzierte Öffnungen im Sockel.

Viele Hamburger Kinder nutzen im Sommer die Gelegenheit, krempeln die Hosenbeine hoch und gehen dem Geheimnis des Brunnens auf den Grund. Man sieht nicht viel, hin und wieder aber hört man es blasen und rauschen, denn hinter den Öffnungen enden die Belüftungsschächte des Rathauses.

Adresse Hamburger Rathaus, Rathausmarkt, 20095 Hamburg-Altstadt | ÖPNV S-Bahn
1, 2, 3, Haltestelle Jungfernstieg | Öffnungszeiten Rathaus täglich ab 10 Uhr | Tipp Für
Kunstfreunde unbedingt zu empfehlen: Besuch im Bucerius Kunst Forum, Rathausmarkt 2,
täglich geöffnet von 11 bis 19 Uhr, donnerstags 11 bis 21 Uhr.

49 Das Katzenwandbild am Grindelberg

Fenster zum Holi

Am dunkelgrünen Stadthaus Oberstraße Nummer 2 öffnen sich auf der Brandschutzmauer zum Grindelberg zwei meterhohe Fensterflügel und geben den Blick frei auf die Petrikirche, den Michel, die alte St. Nikolaikirche, das Rathaus und den Telemichel. Angedeutet ist das Firmengebäude der Hapag Lloyd am Ballindamm, im Hintergrund erkennt man schemenhaft den Kirchturm von St. Katharinen. Erst wenn es regnet, sieht man, dass der Schornstein oben an der Dachkante des Hauses einen perfekt illusionären Schatten wirft!

Der Künstler Georges-Louis Puech malte das Bild 1982 auf die Giebelwand des Hauses. Seine monumentalen, schwarz-grau gestreiften Tigerkatzen gehören längst so zum Viertel wie Uni und Grindelhochhäuser. Eine Formation kleiner Segelboote zieht zum Ufer, wodurch sich die mintgrüne Fläche in die Alster verwandelt und der Blick des Betrachters geschickt an drei schmalen Toilettenfenstern vorbeigelenkt wird.

Für unbeteiligte Betrachter mag das Katzenwandbild höchstens seinen Quadratmetern nach ein großes Kunstwerk sein. Aber für die Hamburger besitzt es einen geheimnisvollen Zauber, weil beim Katzenwandbild die Haltestelle Hoheluftbrücke liegt, an der man aussteigt, wenn man ins Holi Kino geht.

Die großen Katzen scheinen realer zu sein, als die Brandschutzmauer, die sie dekorieren, und damit fängt für Holi-Besucher der Übergang aus der wirklichen Welt in die Phantasiewelt des Films an. Im Holi hängt ein ähnliches Kunstwerk. Lautlos gleitet es zur Seite, wenn der Film beginnt. Gemeint ist der berühmteste Kinovorhang der Stadt, der zum Sterben schön gemalt den Hamburger Hafen zeigt. Auf meergrauen Samt sind im Kino 1 das Chilehaus, ein Dampfer, die Lombardsbrücke und die alte Speicherstadt gemalt.

Adresse Oberstraße 2, 20144 Hamburg-Harvestehude | ÖPNV U-Bahn 3, Haltestelle Hoheluftbrücke | Tipp Von hier sind es 250 Meter bis zum Teepavillon, Hoheluftchaussee 1, einem winzigen Basarladen am Isebekkanal mit einem Riesensortiment an Kaffee, Tee und Gewürzen.

50 __ Der Kemal-Altun-Platz
Zu lange Wartezeit

Auf dem Spielplatz schaukeln Kinder, auf dem Streetballplatz werden vor einer leuchtend grünen Graffitiwand Körbe geworfen, weiter hinten klickern Tischtennisbälle übers Netz. Der Kemal-Altun-Platz ist ein Treffpunkt für Nachbarn, Müßiggänger, Schulkinder und Musiker. In Ottensen kennt jeder den Park an der Ecke Bergiusstraße und Große Brunnenstraße, selbst die Taxifahrer wissen, wo er ist. Nur auf der Hamburgkarte ist er nicht eingezeichnet, und ein blau emailliertes, echt Hamburgisches Straßenschild fordern die Anwohner weiterhin..

Kemal Altun war ein türkischer Asylbewerber, der in seiner Heimat fürchten musste, von der Militärjunta erschossen zu werden. Während der Verhandlung seines Asylantrages nahm er sich 1983 aus Angst vor Auslieferung das Leben. In den ersten Jahren nach Kemal Altuns Tod trafen sich in Ottensen jede Woche Menschen auf der Freifläche. Es gab friedliche Demonstrationen, man hat Musik gemacht und gesungen. Seit damals wird der Gedenkplatz Kemal-Altun-Platz genannt. Beim Senat haben die Bezirkspolitiker von Altona einen Antrag auf offizielle Taufe gestellt, doch der wurde abgelehnt. Dem Senat fehle bei der Thematik der Hamburgbezug, lautete die Begründung. Nun wollen die Anwohner Unterschriften sammeln.

Selbstbestimmt den Platz zu gestalten ist für die Kleinsten schon selbstverständlich. Der Bauspielplatz auf dem Kemal-Altun-Platz ist seit über 30 Jahren Favorit der Ottensener Kinder. An Türmen, Kletterwänden, Brücken und Häuschen haben Kinder und Erzieher gemeinsam gehämmert und gesägt. Wie bei Heinzelmännchens sieht es aus, überall wird geschäftig gewerkelt und gebaut. Die Mädchen sind zwar zahlenmäßig etwas unterlegen, stellen aber immerhin gut ein Drittel der Besatzung. Seit Jahren soll der Bauspielplatz geschlossen werden, weil der Senat keine Steuergelder mehr für Kinder und Jugendliche zur Verfügung stellen will. Doch dagegen wird kräftig protestiert!

Adresse Große Brunnenstraße, Ecke Bergiusstraße, 22763 Hamburg-Ottensen | ÖPNV S-Bahn 1, 31, Haltestelle Altona | **Tipp** Freunde schöner Hüte und Hamburgensien begeistert das inspirierende Ladengeschäft »Heimat«. Große Brunnenstraße 70, Öffnungszeiten Mi – Fr 12 – 18 Uhr, Di und Sa 11 – 15 Uhr

51 Die Kersten-Miles-Brücke

Zurück in die Piratenzeit

Es gibt ein paar Namen, die einem in Hamburg immer wieder begegnen. Simon von Utrecht zum Beispiel, oder Ditmar Koel tauchen alle naslang auf. Sobald es um Störtebeker geht, hört man von Kersten Miles, und manche Hamburger Großeltern haben noch den Klassiker von Otto Beneke »Hamburgische Geschichten und Denkwürdigkeiten« im Bücherschrank und lesen ihren Enkeln daraus vor. Darin wird vom Leben Berent Jakob Karpfangers berichtet, der als Kapitän die alten Hamburger Handelsschiffe vor Piraten beschützte und im Hafen von Cadiz zwischen explodierenden Pulverfässern in die Luft flog.

Heute stehen die großen alten Herren auf den Pfeilern der Kersten-Miles-Brücke und behalten den Hafen im Blick. Nicht nur Jakob Karpfanger verschrieb sein Leben dem Kampf gegen Piraten. In die Amtszeit von Bürgermeister Kersten Miles fällt die Hinrichtung Klaus Störtebekers. Falls dem legendären Seeräuber tatsächlich zugesagt wurde, das Leben seiner Männer sei gerettet, falls er nach seiner Enthauptung noch an ihnen vorbeilaufen könne, so wäre es Kersten Miles gewesen, der dieses Versprechen gab – und brach!

Die alten Hamburger Bürgermeister waren Piratenjäger und haben erst die Nordsee und dann das Rathaus erobert. Utrecht kämpfte in einer wilden Seeschlacht gegen die Vitalienbrüder. Auf einer blitzschnellen Schnigge, der »Bunten Kuh«, wurde Störtebeker dingfest gemacht und als Gefangener nach Hamburg gebracht. Dafür wurde Utrecht zum Ehrenbürgermeister der Stadt ernannt. Auch Ditmar Koel war von Haus aus Kapitän und kein Politiker. Doch wer Piraten erledigte, bei dem fühlte man sich sicher. Für seine Tapferkeit im Kampf gegen die Seeräuber wurde auch er zum Bürgermeister ernannt.

Der Architekt der Brücke war Franz Andreas Meyer. Im Boom der Hamburger Gründerzeit, als sich die Einwohnerzahl in nur 30 Jahren verdreifachte, war er der maßgebliche Stadtplaner.

Adresse Seewartenstraße, 20459 Hamburg-St. Pauli / Landungsbrücken | **ÖPNV** S-Bahn 1, 2, 3; U-Bahn 3, Haltestelle Landungsbrücken | **Tipp** Eine Stippvisite im Hotel Hafen Hamburg mit Kaffee oder Cocktails auf der herrlichen Aussichtsterrasse lohnt sich. Es liegt in der Seewartenstraße 9, geöffnet täglich von 12 bis 23 Uhr.

52 Die Kniende

Frauenskulptur von Richard Kuöhl

Ob Ohlsdorf der größte Friedhof von Deutschland oder sogar von Europa ist, will jeder Hamburgbesucher wissen. Die Friedhofsleitung präsentiert Ohlsdorf als größten Parkfriedhof der Welt, doch im Vergleich der weltgrößten Friedhöfe belegt Ohlsdorf mit 391 Hektar Fläche in Wahrheit den vierten Platz. Sooft man die wunderschöne Parkanlage durchstreift, entdeckt man etwas Neues.

Vor einem Rhododendron sitzt eine junge Frau aus weißem Marmor, zart umhüllt als sei sie weder nackt noch bekleidet, in der Hand drei Rosen. Ihr Gesicht ist unverschleiert, sie trägt keine Flügel eines Engels und keine Insignien einer Göttin. Die Kniende von Richard Emil Kuöhl trauert über den Tod eines Menschen, den sie liebte. Versteinert sind ihre Schönheit, Lebenskraft und Wärme, die dem geschenkt waren, den sie verloren hat. Ihre Zeit ist zum Stillstand gekommen, angehalten zwischen Leben und Tod, sie ist versteinert zu einem Bild der Erinnerung an Jugend und Liebe.

Drei klassizistische Frauenfiguren schuf Kuöhl für den Ohlsdorfer Friedhof. »Die Kniende« auf dem Grab von Frieda und Arthur Köser stammt aus dem Jahre 1926. »Die Trauernde«, eine aufrecht stehende Figur auf dem Grab von Agnes und Walter Claus Köser stammt aus dem Jahr 1927. Sie ist leicht zu finden und weist den Weg zur etwas versteckter platzierten Knienden. Vom Haupteingang des Friedhofs geht es am Margarethenbrunnen vorbei. Wie ein Pavillon aus dem Rokoko, mit einem prächtigen Phoenix auf dem Dach, schmückt er die Wiese, hinter der es links zu den Feuerwehrgräbern geht. In Sichtweite der Trauernden führt vor der großen Buche rechts der Weg entlang, auf dem man gleich links die Kniende sieht.

Ein Stück weiter gelangt man zum Grab der Familie Carl Tchiling-Hiryan, des Firmengründers von Tchibo. Es ist gleichfalls mit einer Frauenfigur Kuöhls geschmückt: »Die Liegende« über der eingerahmten Inschrift entstand 1927.

Adresse Friedhof Ohlsdorf, Fuhlsbüttler Straße 756, 22337 Hamburg-Ohlsdorf | **ÖPNV** S-Bahn 1, Haltestelle Ohlsdorf | **Öffnungszeiten** April – Okt. 9 – 21 Uhr, Nov. – März 9 – 18 Uhr | **Tipp** Nahe der Cordes-Allee beim Wasserturm liegt der einzigartige »Garten der Frauen« mit alten Grabsteinen bedeutender Frauen.

53　Die Köhlbrandtreppe

Zwei Götterkinder im alten Altonaer Holzhafen

Die im Stil der Neugotik erbaute Köhlbrandtreppe steht heute unter Denkmalschutz. Sie wurde 1887 eingeweiht und führte den Geesthang hinunter zum Altonaer Hafen. Auf den beiden farbigen Medaillons im Kopfbau der Brücke sind als Putten Merkur und Neptun, die Götter des Handels und der Seefahrt abgebildet. Man erkennt sie am Merkurstab im Arm der linken Figur, die auf einem Ponton neben einem Anker sitzt, und am Dreispitz in der Hand der rechten Figur, die auf einem grünen Fischleib reitet, dessen Form einem Füllhorn nachempfunden ist.

Darunter findet sich ein Sandsteinrelief über dem Brunnen. Es zeigt den geharnischten Roland mit Schwert und Krone in den Händen nebst den Wappen Preußens und Altonas. Auf den Krieg gegen Dänemark im Jahr 1864 folgte der Preußisch-Österreichische Krieg, in dem Österreich 1866 der preußischen Armee unterlag. Es waren historisch äußerst turbulente Zeiten, in denen sich die Territorien der europäischen Länder fortwährend veränderten. Im selben Jahr wurde mit dem Prager Frieden ein Friedensvertrag beschlossen, in dem Österreich auf seine Rechte an den ehemals dänischen Gebieten Schleswig und Holstein zugunsten Preußens verzichtete. So kam es, dass aus Altona eine preußische Provinzstadt wurde, und die Altonaer sich unverhoffterweise als Preußen bezeichnen durften. Die Freiheit der Rechtsausübung besaß in Altona seit jeher Tradition, und ob es nun um die Ausübung der eigenen Religion oder um den Fischhandel ging, die Rolandsfigur versinnbildlicht den hoheitlichen Schutz des Rechtes im Altonaer Hafen.

Die Namensgebung der Brücke verweist auf die drei Köhlbrandverträge zwischen Hamburg und Preußen. Hamburg plante umfassende Veränderungen am Wasserlauf der Elbe und brauchte dafür die Zustimmung Altonas. Der erste Köhlbrandvertrag von 1868 verlieh der Hansestadt das Recht, am Köhlbrand zu baggern, um die Elbe zu vertiefen.

Adresse 22767 Hamburg-Altona | **ÖPNV** S-Bahn 1, 2, 3, Haltestelle Königstraße | **Tipp** Im historischen Holzhafen wurde Schiffsfracht nach Helgoland geladen und gelöscht, die beiden weißen Kräne gegenüber der »Haifischbar« sind noch aus der alten Zeit.

54 Die Krameramtsstuben

Krämerzunft und Michel-Türmer

So schmal wie die Kramergasse waren viele von Hamburgs Sträßchen im 17. Jahrhundert. Um trotzdem möglichst viel Wohnraum zu schaffen, wurden die Obergeschosse vorkragend gebaut. Das hielt und hält bis heute, die zweistöckigen Fachwerkhäuser sind vollständig erhalten. In der Kramergasse bekommt man einen lebendigen Eindruck der dicht besiedelten Wohngebiete des alten Hamburgs. Hier lebten vor 300 Jahren recht gut situierte Menschen, deren Zeit bis heute nichts von ihrem Glanz verloren hat.

Das Krameramt existierte seit 1375, als sich die Hamburger Gewürz-, Seiden- und Eisenwarenhändler zur eigenen Zunft zusammenschlossen. Mit dem Bau der Fachwerkhäuser gewährten sie arbeitsunfähigen Krämern und Witwen sicheren Wohnraum, zugleich konnte die Zunft für jeden in Ruhestand geschickten Händler einem neuen Zunftbruder Niederlassung in Hamburg gewähren. Das Museum für Hamburgische Geschichte hat eine der Witwenwohnungen eingerichtet und als Ausstellungsobjekt bewahrt. Bei der Ausstattung wurde an alles gedacht. Bewundern kann man eine gusseiserne Kochmaschine und originale Küchengeräte von damals. Unter dem Bett steht ein Nachttopf, es soll angeblich Glück bringen, eine kleine Kupfermünze hineinzuwerfen.

Seit eh und je gehört das Hamburger Restaurant Krameramtsstuben zum althamburgischen Stil der Gasse dazu. Wenn man da erst mal gemütlich sitzt, kommt man nicht mehr weg. So gegen 21 Uhr wird's spannend. Ein Blick nach draußen. Bei Nieselregen bestellt man doch lieber das vorletzte Bier. Wenn's aber im Glas und draußen auf der Straße mal kurz gleichzeitig trocken ist, lohnt sich der Katzensprung rüber zum Michel. Allabendlich bläst der Türmer vom Hamburger Wahrzeichen herab einen Choral. 300 Jahre alt ist diese Tradition, aber ein letztes Bierchen für hinterher kann man sich ja ruhig vorher schon bestellen, despektierlich ist das nicht.

Adresse Krayenkamp 10, 20459 Hamburg-Neustadt | **ÖPNV** S-Bahn 1, 2, 3, Haltestelle Stadthausbrücke | **Öffnungszeiten** täglich 12 – 22 Uhr | **Tipp** Der Michel ist für Besucher von 9 bis 19.30 Uhr geöffnet (im Winter bis 17.30 Uhr).

55__Das Kranzhaus

In immergrüner Liebe

Um eine junge Frau rankt sich die berühmte Legende des Kranz-hauses. Sie war eine Kaufmannstochter und liebte einen jungen Schiffszimmerer. Die beiden wollten heiraten, doch der Vater der Braut wollte dem Glück der Liebenden nicht eher seinen Segen ge-ben, als bis sich der Schiffszimmerer auf See bewährt hätte. Der heu-erte an, nahm Abschied von der Liebsten und ging an Bord. Doch sein Schiff geriet in ein Unglück, und er kehrte nicht mehr zurück. Der Legende nach blieb die Jungfrau allein und hörte nie auf, ihren Schiffszimmerer zu lieben. Ihr zu Ehren brachten die Hamburger Schiffszimmerer ihr Standbild an und schmückten es jedes dritte Jahr zur Kranzfeier mit einem grünen Kranz.

Heute steht mitten in der Jarrestadt, einer Arbeitersiedlung aus den 1920er Jahren, das Kranzhaus der Schiffszimmerer-Genossen-schaft. Auf einem Sockel an der Fassade sieht man die schlanke Frau-engestalt, die mit erhobenem Gesicht ein Schiff in den Händen hält. Darunter hängen zwei »immergrüne« Kränze. Das historische Kranz-haus war das Amtshaus der Schiffbauer und stand in einer geschlos-senen Reihe von Fachwerkhäusern am Brook. Im Zuge der Errich-tung der Speicherstadt wurde es abgerissen. Schon dort hatte am Gewerksschild der Schiffbauer ein großer Kranz gehangen, der dem Haus seinen Namen gab.

1930 ließ die Schiffszimmerer-Genossenschaft das neue Kranz-haus aus dunklem Klinker bauen, das heute unter Milieu- und Denk-malschutz steht. Architekt war Karl Schneider, die Bauleitung oblag Fritz Schumacher. Wer der Künstler war, nach dessen Entwurf die Skulptur der jungen Frau gefertigt wurde, ist nicht herauszufinden. Da in den 1940er Jahren große Teile des Archivs der Schiffszimme-rer-Genossenschaft in einem Feuer vernichtet wurden, kann heute nur noch vermutet werden, dass es sich um den Bildhauer Ludwig Kunstmann gehandelt hat, der Mitglied der Hamburgischen Sezes-sion war.

Adresse Großheidestraße 20 – 30, Ecke Stammannstraße, 22303 Hamburg-Winterhude | **ÖPNV** Bus 173, Haltestelle Großheidestraße | **Tipp** Eine weitere Arbeit von Ludwig Kunstmann ist das Pferd am Thaliahof (Alstertor 1) über »World Coffee«.

56 — Die Krugkoppelbrücke

Hamburgs schöner Alsterblick

Hamburg kann sich rühmen, mehr Brücken zu haben als jede andere Stadt in Europa. Über 2.400 sind es insgesamt, da kann selbst Venedig der Elbmetropole nicht das Wasser reichen. Ob die Hansestadt sogar Brückenweltmeister ist, wird noch gezählt. Zusammen mit den vielen Parks und Grünflächen bilden die Brücken oft märchenhaft schöne Treffpunkte.

Wo Außenalster und Alsterkanal ineinander münden, spannt sich, von Kandelabern geschmückt, die Krugkoppelbrücke. Unten sieht man die beiden Anlegestellen der Alsterdampfer, die nicht mehr in Betrieb sind. Dafür treffen sich dort heute Liebespaare. Am einen Ende der Brücke lädt Bobby Reich zum Bootfahren ein, oder zu Kaffee und Kuchen mit Blick auf die Segelschiffe der Alster. Am anderen Ende führt die Brücke zum Eichenpark.

Als Holzkonstruktion wurde die Krugkoppelbrücke errichtet, danach erbaute Fritz Schumacher die heutige Konstruktion mit drei Bögen und zwei Mittelpfeilern. Wie so oft beauftragte er Richard Kuöhl für den Fassadenschmuck seiner Bauwerke, und so bekam auch die Krugkoppelbrücke phantasievolle Verzierungen aus Keramik. Man entdeckt sie erst von den ehemaligen Anlegestellen der Alsterdampfer aus. Da sitzt ein junges Paar zwischen hohen Wellen in einem Segelschiff. Weiter oben im Brückenpfeiler verbergen sich Muschelreliefs und eine verträumte, zweischwänzige Sirene.

Ihren Namen hat die Brücke von der Krugkoppel, einem alten Weideland im Eichenpark, das früher zum Kloster Harvestehude gehörte. Im Park erinnert eine Gedenktafel daran. 1246 gründete Heilwig von der Lippe, spätere Gräfin von Schauenburg, das Zisterzienserinnenkloster für Nonnen, die in der Tradition der Benediktinermönche ein Leben in Gebet, Bibelstudium und Arbeit führen wollten. Später wurde auf dem Gelände ein englischer Landschaftsgarten, der jetzige Eichenpark, mit seinen heute über 200 Jahre alten Eichen angelegt.

Adresse Krugkoppel, 20149 Hamburg-Harvestehude | **ÖPNV** Bus 109, Haltestelle Harvestehuder Weg | **Tipp** Einen kurzen Spaziergang von der Krugkoppelbrücke entfernt liegt in der Heilwigstraße 158 das evangelische Damenstift St. Johannis mit seinem märchenhaften Garten.

57 Der Kunstverein, seit 1817

Hamburgische Kunst nach der Franzosenzeit

Viele Besucher des Kunstvereins fühlen sich, als wären sie plötzlich in New York oder San Francisco. Das weitläufige Loft verbreitet die Atmosphäre eines großen Studios, beinahe erwartet man, die Künstler bei der Arbeit anzutreffen.

Die Ausstellungen wechseln mehrmals jährlich und präsentieren eine einzigartige Auswahl moderner Kunstrichtungen. Zeitgenössische Textilkunst findet sich neben Installationen, futuristischen Lichtobjekten und farbgewaltigen Gemälden. Ohne die Distanz konventioneller Museen kann der Besucher Skulpturen und Bilder auf sich wirken lassen, als betrachte er sie im Atelier. Auch das Fotografieren ist erlaubt.

Der Kunstverein wurde im Jahr 1817 in unmittelbarer Reaktion auf das Ende der Franzosenzeit gegründet. Die Besatzungsjahre unter Napoleons Generälen und Soldaten hatten in den Mitgliedern der Patriotischen Gesellschaft von Hamburg einen innigen Wunsch geweckt. Sie wollten Kunst und Künstler ihrer Stadt durch Ausstellungen fördern und bekannt machen.

Der Initiator war ein Hamburger Volksheld. David Christopher Mettlerkamp baute Blitzableiter, wie vor ihm sein Vater, von dem der erste Blitzableiter Deutschlands auf der St. Jacobikirche montiert wurde. 1806 schlug ein gewaltiger politischer Blitz ein, und Hamburg fiel unter französische Besatzung. Sieben Jahre später kam die große Stunde Mettlerkamps, der vom schwedischen Kronprinzen Bernadotte zum Oberstleutnant über die Hanseatische Bürgergarde ernannt wurde und für Hamburgs Befreiung kämpfte.

Als die Gruppe der Kunstfreunde um Mettlerkamp immer zahlreicher wurde, öffnete der Kunsthändler Georg Ernst Harzen den Mitgliedern die Tür seiner Kunsthandlung. Bald darauf gab sich der Kunstverein, der heute zu den ältesten Deutschlands gehört, seine erste Verfassung. Harzen wurde Geschäftsführer, bald darauf werden die ersten öffentlichen Ausstellungen organisiert.

Adresse Klosterwall 23, 20095 Hamburg-Hammerbrook | **ÖPNV** U-Bahn 1, Haltestelle Steinstraße | **Öffnungszeiten** Di – So 12 – 18 Uhr, öffentliche Führung Do 17 Uhr | **Tipp** Legendäre Independentkonzerte veranstaltet die Hamburger »Markthalle«, Klosterwall 11.

58__Der Laeiszhof

Des Pudels Dach

Ganz in Backstein ließ Carl Laeisz sein Kontorhaus um die Jahrhundertwende errichten. Der Sohn des HAPAG-Gründers Ferdinand Laeisz galt als geborener Kaufmann, war Mitbegründer der Deutschen Levante-Linie und der Deutschen Ost-Afrika-Linie und blieb seinem ganz eigenen Stil treu.

Trotz des weltweiten Einsatzes von Dampfschiffen setzte Carl Laeisz in seiner Reederei weiterhin auf Segelschiffe. Die »Potosi« und die »Preußen«, bei der es sich um das einzige Fünfmastvollschiff handelte, das jemals gebaut wurde, segelten Rekordzeiten und werden heute als Höhepunkte des Segelschiffbaus angesehen. Mittlerweile sind diese Segelklassiker unter dem Namen Flying P-Liner weltberühmt. Doch warum fingen die Namen der Schiffe alle mit einem P an? Die Antwort gibt der Laeiszhof selbst, denn der Taufpate mit dem großen P sitzt oben auf dem Dach.

Im Stil der Hannoverschen Architekturschule, die man in der Speicherstadt allenthalben entdeckt, bauten Hanssen & Meerwein das Kontorhaus und schmückten die Fassade mit vier großen Statuen. Sie stellen Kaiser Wilhelm I., Bismarck, Albrecht von Roon und Bernhard Graf von Moltke dar. Kein Name der vier Herren fängt mit einem P an, und nichts steht in größerem Kontrast zu ihren ernsten Gesichtern, als der berühmte Pudel, dessen P den großen Segelschiffen ihre Namen gab.

Für die Hamburger ist der grüne Hund die eigentliche Sehenswürdigkeit. Bildhauer Bruno Friedrich Emil Kruse setzte dem Kontorhaus das berühmte Kuriosum aufs Dach. Streng blickt der Pudel unter wehender FL-Firmenflagge aus einsamer Höhe von seinem Giebel, sitzt ganz gerade und wohlerzogen und ist verständlicherweise muksch. Denn nicht etwa an den Lieblingshund des Reeders, sondern an den Spitznamen »Pudel«, den er seiner Gemahlin Sophie Christine gab, erinnert der oxidierte Quadrupede und mahnt auf seine stille Weise an die Grenzen des guten Geschmacks.

Adresse Trostbrücke 1, 20457 Hamburg-Altstadt | **ÖPNV** U-Bahn 3, Haltestelle Rathaus |
Tipp Die Viermastbark Passat im Hafen von Lübeck-Travemünde, heute denkmalgeschütztes Museumsschiff, ist der letzte P-Liner in Deutschland.

59 Das Leuchtfeuer Bunthäuser Spitze

Hamburg am Elbkilometer 609

Der 800. Hafengeburtstag hat ihm das Leben gerettet. Verwittert und angeschlagen hielt der bald 80-jährige Elbveteran tapfer die Stellung, selbst als ihn eine skeptische Kommission vom Denkmalschutzamt umschritt, die bei seinem Anblick nur bedauernd die Achseln hob und den Kopf schüttelte. Baujahr 1914, ehret das Alter und Alter vor Schönheit hin oder her, aber so vergammelt und abgeblättert durfte, wer denkmalgeschützt sein wollte, nicht aussehen. Dringend waren umfassende kosmetische Eingriffe für Wilhelmsburgs Wahrzeichen gefordert, und die Hamburg Port Authority zauberte dem kleinen Leuchtturm ein neues Kleid.

Pünktlich zum großen Ball des Hafenjubiläums war die frische Farbe getrocknet, vornehmes Smaragdgrün für die sechseckige Holzverkleidung, das Türmchen rot wie die Hamburgflagge, frisches Jachtweiß für Leiter und Balustrade und der Sockel sauber abgespritzt. Jetzt konnten die Bewunderer zum Elbkilometer 609 herausgefahren kommen und sich des prachtvollen Anblicks erfreuen. Der Wanderweg führt an manchen Stellen über die Wiesen, doch solange man den Verlauf des Zauns im Auge behält, findet man, etwa eine Viertelstunde vom Parkplatz entfernt, den Leuchtturm.

Bis zur Löschung des Leuchtfeuers im Jahr 1977 markierte er die Fahrwassertrennung an der Spitze der Landzunge, wo sich die Elbe in Norderelbe und Süderelbe teilt und die Landesgrenze zwischen Hamburg und Niedersachsen verläuft. Mit dem dritten Köhlbrandvertrag zwischen Hamburg und Preußen wurde der Elbarm vertieft, um den Schiffsverkehr in den preußischen Häfen Wilhelmsburg und Harburg zu sichern. Anschließend sollte die Elbe zu gleichen Teilen über Norder- und Süderelbe fließen, was auch heute noch regelmäßig gemessen wird. Freiäugig vom Leuchtturm aus betrachtet, scheint die Süderelbe der schnellere beider Flussarme zu sein.

Adresse Moorwerder Hauptdeich, 21109 Hamburg-Wilhelmsburg | **ÖPNV** Bus 351, Halte-stelle Moorwerder Hauptdeich | **Tipp** Wissenswertes zum Naturschutzgebiet Heuckenlock und dem Leuchtfeuer in der Elbe findet man im Tideauenzentrum Bunthaus, Moorwerder Haupt-deich 33. Geöffnet ist es Fr 14 bis 18 Uhr, Sa, So 11 bis 18 (im Winter So 11 bis 18 Uhr).

60__ Die Lindenallee im Wohlerspark

Im Sommer von lieblichem Duft erfüllt

Niemand käme auf die Idee, im Wohlerspark zu grillen oder Fußball zu spielen. In die säuberlich geharkte Lindenallee, die weitläufig durch den Park führt, zieht es Spaziergänger und Jogger. Der Park neben der St. Johanniskirche ist ruhig wie ein Klostergarten, kein Lärm und kein Trubel stören in der gepflegten Anlage. Die Altonaer schätzen den Wohlerspark als Oase der Erholung. Viele machen in der Mittagspause einen kleinen Spaziergang, um den Kopf wieder freizubekommen, und genießen die Stille unter den alten Linden.

Wie schon der Heilig-Geist-Kirchhof in der Struenseestraße, den er ursprünglich erweitern sollte, ist auch der Wohlerspark ein stillgelegter Friedhof. Als Kirchhof Norderreihe der Kirche St. Johannis wurde er 1831 angelegt. Nach dem Zweiten Weltkrieg war der Friedhof völlig zerstört. Die Not der Anwohner siegte über ihre Pietät, zu dringend brauchten sie Heizstoff und Essen. Kurzerhand wurden darum auf dem Gottesacker Kartoffeln angepflanzt und die Bäume des Friedhofs zu Brennholz kleingesägt.

Für die Altonaer verbindet der Wohlerspark Vergangenheit und Gegenwart. Viele der gut erhaltenen Grabsteine wurden stehen gelassen. Dazwischen steht das Mausoleum eines bedeutenden Altonaer Politikers aus der Franzosenzeit. Conrad Daniel Graf von Blücher war Oberpräsident der damals dänischen Stadt Altona. Viele Hamburger verdankten ihm ihr Leben, als im Winter 1813 Napoleons »eiserner Marschall« Louis-Nicolas Davoust alle Hamburger, die keinen Vorrat an Nahrungsmitteln vorweisen konnten, aus der Stadt vertrieb. In Altona wurden sie aufgenommen und bis zum Abzug der Franzosen versorgt. Auch während des Großen Brandes setzte sich der Altonaer Oberpräsident tatkräftig für die Rettung vieler Hamburger ein. Für seine besonderen Verdienste wurde Graf von Blücher noch zu Lebzeiten das Ehrenbürgerrecht der Hansestadt verliehen.

Adresse Wohlers Allee, 22767 Hamburg-Altona | **ÖPNV** S-Bahn 21, 31, Haltestelle Holstenstraße | **Tipp** Das unverwüstliche Stadtteilzentrum Haus 3 in der Hospital-straße 107 bietet seinen Gästen dienstags und freitags einen Mittagstisch mit Drei-Gang-Menü. Einfach 900 Meter die Max-Brauer-Allee runtergehen.

61 Das Lindley-Denkmal

Unter den Straßen der Stadt

Weil man aus dem Feuer gelernt hatte, beschloss der Senat, endlich das Problem mit dem Wasser zu lösen. Der Große Brand von 1842 hätte bei ausreichender Versorgung mit Löschwasser verhindert werden können, also beschloss man, ein Versorgungssystem für die gesamte Stadt zu errichten. Nach Londoner Vorbild schuf Sir William Lindley in Hamburg das erste unterirdische Abwassersystem auf europäischem Festland.

Seine modernen Entwürfe haben Hamburg buchstäblich von Grund auf modernisiert. Regenwasser, Fäkalien und Abwässer wurden in Siele geleitet, die durch unterirdische Kanäle verbunden waren. Durch das Häuschen neben dem Lindley-Denkmal des Bildhauers Hansjörg Wagner gelangen die Mitarbeiter der Hamburger Wasserwerke heute zu den Sielanlagen.

Lindley ließ sich von der Elbe inspirieren, die sich durch Ebbe und Flut selbst reinigt, und baute Staubecken für die Selbstreinigung seines Sielsystems und selbsttätig schließende Fluttore bei den Sielausmündungen in die Elbe. Die neuen Staubecken sicherten die Löschwasserversorgung der Stadt, und es schien, als seien Hamburg alle Wassersorgen genommen. Doch Lindleys Abwasserreform fiel zeitlich zwischen zwei Katastrophen, die Hamburg im Abstand von 50 Jahren heimsuchten.

Mit Löschwasser war Hamburg nun versorgt, aber an Trinkwasser mangelte es noch immer. Den Bewohnern der Armenviertel blieb keine Möglichkeit, als das ungefilterte Wasser aus der Elbe zu trinken. 30 Jahre nach Lindleys Modernisierungsmaßnahmen wurde die Hansestadt 1892 von der Cholera verwüstet, erst danach schafften die hygienischen Zustände in Hamburg den Sprung auf die Tagesordnung des Senats. Das Wasserwerk Kaltehofe im Stadtteil Rothenburgsort leitete schmutziges Elbwasser in Ablagerungsbecken, filterte es und verteilte es über ein modernes Leitungsnetz als klares Trinkwasser in die Wassertürme und Wohngebiete der gesamten Stadt.

Adresse Vorsetzen / Baumwall, 20459 Hamburg-Neustadt | **ÖPNV** U-Bahn 3, Haltestelle Baumwall | **Tipp** 300 Meter weiter ist im denkmalgeschützten Kontorhaus »Stubbenhuk«, Stubbenhuk 10, die Henri-Nannen-Journalistenschule untergebracht. Die Schnitzereien im Treppenaufgang sind sehenswert; wochentags geöffnet.

62 Das Loki Schmidt Haus im Botanischen Garten

Aus Kindern werden Forscher

Das leuchtend blaue Haus des Hamburger Architekten Bernhard Winking soll den Planeten Erde darstellen, wie er aus den endlosen Weiten des Weltalls wahrgenommen wird. Die strahlenden Kacheln brechen wie Prismen das Sonnenlicht. Rundherum ist der Kubus in Keramik gekleidet. Im August 2006 eröffnete hier das Museum für Nutzpflanzen. Es soll ein Museum zum Entdecken und Lernen sein.

Die Namensgeberin des Museums, Loki Schmidt, war mit Leib und Seele Pädagogin und liebte Kinder. Sie weckte in ihren Schülern Neugier und die Freude am Bestimmen unbekannter Pflanzen. Je mehr sie die Kinder selbst entdecken ließ, desto größer wurde deren Interesse an Botanik. Aus dieser reichen Erfahrung schöpfte Loki Schmidt, als sie half, das Museum für Nutzpflanzen der Universität Hamburg mitzugestalten, das sich vor allem an Kinder richtet.

Und so ein Museum gab es bisher nicht. An den Wänden hängen Vitrinen mit Samen und Pflanzenteilen wie geheimnisvolle Fundstücke von unbekannten Planeten. Aufmerksame Besucher finden Möglichkeiten, Objekte wie in einem richtigen Labor zu erforschen. Umgeben von verschiedensten Glasbehältern mit den erstaunlichsten Präparaten, fühlt man sich schon beim Hereinkommen wie ein echter Forscher. Man könnte auch gerade zu Besuch in der Werkstatt vom alten Pettersson oder im Wohnwagen von Peter Lustig sein.

Hamburgs Ehrenbürgerin Loki Schmidt wurden höchste Auszeichnungen verliehen. Ihre Bücher sind Bestseller, und ihre Aktionen trugen wesentlich dazu bei, Naturschutz zu einem öffentlichen Anliegen zu machen. Ein halbes Dutzend neu entdeckter Pflanzen tragen ihren Namen. Im Botanischen Garten, den sie mit tatkräftiger Öffentlichkeitsarbeit unterstützte, wachsen viele exotische Pflanzen, die Loki Schmidt von ihren Expeditionen mit der Max-Planck-Gesellschaft aus der ganzen Welt mitbrachte.

Adresse Hesten 10, 22609 Hamburg-Nienstedten | **ÖPNV** S-Bahn 1, Haltestelle Klein-Flottbek | **Öffnungszeiten** Do 13 – 17 Uhr, So 11 – 17 Uhr, Dez. – Feb. nur mit Voranmeldung | **Tipp** Im Sommer finden im Botanischen Garten Freilandführungen statt, Näheres unter www.bghamburg.de.

63 Das Lotsenhaus Seemannshöft

Hamburgs Brüderschaft der Hafenlotsen

Auf Fähre 62 von den Landungsbrücken nach Finkenwerder fährt man vorbei an Hamburgs erster Lotsenstation von 1902, die heute Blohm + Voss gehört. Ab Finkenwerder geht die Fahrt nach Seemannshöft weiter bis zum Bubendey-Ufer. Die Fährfahrt rüber zum Lotsenhaus sollte man unbedingt gemeinsam mit Kapitän Römer unternehmen, der die Geschichte des Hamburger Hafens so nebenbei aus dem Ärmel schüttelt.

Im Lotsenhaus Seemannshöft lernen die Besucher den Hafenbetrieb rundum kennen, mit allem was an Risiko und Gefahr dazugehört, denn das Manövrieren der riesigen Containerschiffe erfordert äußerste Präzision und muss auch bei Sturm, Nacht und Nebel reibungslos ablaufen.

Da gibt es so manche Anekdote von schier unglaublichen Zwischenfällen. Währenddessen fahren vor dem Fenster Containerschiffe aus der ganzen Welt vorbei, die Kapitän Römer alle wie alte Freunde kennt.

Auf Seemannshöft sind der Schiffsmeldedienst, der alte Pegelraum mit Rollziffern auf breiter Leinwand und die Einsatzzentrale der Hafenlotsen untergebracht. Letztere mit Panoramablick im Dekagon, den die Brüderschaft der Hafenlotsen ihren »Vogelkäfig« und »den schönsten Arbeitsplatz der Welt« nennt.

Jedes einlaufende Schiff muss an fünf Meldestellen vorbei. Mit Elbe 1 kurz vor Helgoland geht es los. Von dort über Cuxhaven bis Brunsbüttel waren früher die Seelotsen zuständig. Dahinter begann der Bereich der Elblotsen, die von Brunsbüttel bis Seemannshöft das Einlaufen überwachten. Kommt der Pott im Hamburger Hafen an, gehen zwei Hafenlotsen über die Lotsentreppe, die wie eine große Strickleiter über die Reling baumelt, an Bord und übernehmen das Kommando.

Adresse Bubendeyweg 33, 21129 Hamburg-Finkenwerder | **ÖPNV** Fähre 62, Haltestelle Bubendey-Ufer | **Öffnungszeiten** Besichtigung nach telefonischer Absprache mit Kapitän Karlheinz Römer, Tel. 040 / 7402807 | **Tipp** Der »Duckdalben« in Hamburg ist als bester Seemannsclub der Welt ausgezeichnet worden. Der Besuch in der Zellmannstraße 16 wird von der Lotsenbrüderschaft wärmstens empfohlen, täglich 15 bis 22.30 Uhr geöffnet.

64__Die Lutherkirche
Diskrete Neugier

Ob er die Lutherkirche fotografiere oder das Hakenkreuz, erkundigt sich der Pastor freundlich bei einem Passanten, der mit der Kamera in der Hand die Kirche umrundet. Das bringt zum Ausdruck, dass sich seine Gemeinde offen mit der nationalsozialistischen Vergangenheit der Kirche auseinandergesetzt hat, aber auch, dass sie sich nicht von Sensationslustigen aufs Hakenkreuz reduzieren lässt.

Die Backsteinkirche in Wellingsbüttel, 1937 von den Architekten Hopp und Jäger erbaut, ist nicht nur wegen der gemauerten Symbole und Runen im Fachwerk von bauhistorischer Bedeutung, sondern dokumentiert Kirchengeschichte aus den Jahren der Diktatur. Im Zuge der Gleichschaltung von Kirchen und Parteipropaganda begann sich die evangelische Kirche zu verändern. Bereits 1932 wurde die völkisch ausgerichtete Glaubensbewegung »Deutsche Christen« gegründet, die gemäß ihrer Losung »mit Luther und Hitler für Glaube und Volkstum« eine radikale Trennung der evangelischen Kirche von ihren jüdischen Wurzeln forderte. Als selbst ernannte »SA Jesu Christi« waren die »Deutschen Christen« von Jesus' arischer Abstammung überzeugt und bezeichneten den Sohn Gottes als »Todfeind des Judentums«.

Von völkischen Vorstellungen der »Deutschen Christen« beeinflusst, beauftragte die Gemeinde Wellingsbüttel die Architekten mit dem Bau einer Kirche nach dem Entwurf mittelalterlicher Dorfkirchen. Selbst der Platz um die Kirche war einem Dorfplatz nachempfunden.

Die sogenannte »Heimatschutzarchitektur« prägte bis 1945 viele öffentliche Bauwerke. Details der Kirche zeigen einen kriegerischen Zug, der durchaus beabsichtigt war. Auf der Kirchentür wurden aus Bronze runde Formen angebracht, die germanischen Waffenschilden ähneln. Im Inneren der Kirche wurde fast alles aus Holz gebaut. Die schöne, gewölbte Tonnendecke erinnert an die Planken eines umgekehrten Schiffsrumpfes.

Adresse Up de Worth 25, 22391 Hamburg-Wellingsbüttel | **ÖPNV** S-Bahn 1, Haltestelle Wellingsbüttel | **Öffnungszeiten** Gottesdienst So 10 Uhr, weitere Termine im Kirchenbüro nachfragen, Tel. 040 / 53640360 | **Tipp** Am Wellingsbütteler Markt wurde 1871 von Peter Hayn die Friedenseiche gepflanzt. Nach dem Ende des Deutsch-Französischen Krieges sollte sie die Hoffnung auf eine friedvolle Zukunft symbolisieren.

65 Das Magazin des Hamburger Staatsarchivs

Ahnenforschung für alle

Die schimmernde eisblaue Fassade ist fensterlos. Fünf Etagen birgt der geschlossene Kubus. In Blautönen gehalten, soll der Entwurf des Hamburger Architekten Jan Störmer an einen Eisgletscher erinnern, in dem die Geschichte bewahrt wird. Als sähe der Betrachter sie im Eis ruhen, wurden drei Faksimiles bedeutender Archivalien aufs Glas gedruckt.

Am ältesten ist das Messeprivileg von 1365, das Karl IV. mit der »Goldenen Bulle« versah, einem Goldsiegel für herausragende Dokumente. Es verlieh Hamburg das Recht, jährlich zu Pfingsten eine dreiwöchige Handelsmesse abzuhalten. Rechts davon steht ein längerer Textstreifen. Es handelt sich um die Bursprake Petri von 1383, verfasst in frühneuhochdeutscher Sprache. Sie enthält Vorschriften, die den Handel mit Getreide, Abgaben für Schiffe und Güter und die Reinhaltung von Elbe und Hafenbecken betreffen. Für Zuwiderhandeln wurde eine Geldstrafe von »dren marken sulveres« (drei Silbermark) erhoben. Zuletzt finden sich beim Eingang des Archivs mehrere Artikel der Hamburger Verfassung von 1849. Erstmalig wurden darin Grundrechte verankert. In Artikel 7 wird erklärt, die Verfassung des Staates Hamburg sei demokratisch und alle Staatsgewalt werde von den Staatsbürgern ausgeübt.

Seit ein paar Jahren ist das Interesse der Hamburger am Staatsarchiv so groß wie noch nie. Grund dafür ist, dass alte Standesamtsbücher aus der Zeit seit 1874 in den Besitz des Archivs übergegangen sind. Was damals in den ehemals preußischen Standesämtern über Geburten, Hochzeiten und Todesfälle verzeichnet wurde, liefert heute wertvolle Hinweise bei der Erforschung der eigenen Familiengeschichte. Die Standesamtsbücher können von allen Besuchern eingesehen werden. Für das Know-how zu Nachforschungen im Staatsarchiv empfiehlt sich der Tag der offenen Tür.

Adresse Kattunbleiche 19, 22041 Hamburg-Wandsbek | **ÖPNV** U-Bahn 1, Haltestelle Wandsbek Markt | **Öffnungszeiten** Mo – Mi 10 – 18 Uhr, Do, Fr 10 – 16 Uhr | **Tipp** Auf dem historischen Friedhof in der Kirchhofstraße, 500 Meter entfernt vom Staatsarchiv, steht das Mausoleum des Sklavenhändlers Schimmelmann.

66 Das Mahnmal St. Nikolai

Hamburg nach dem Feuersturm

Als St. Nikolai 1874 neu erbaut in den Himmel ragte, war ihr Kirchturm mit 147,3 Metern der höchste der Welt. Doch seine Höhe wurde der Kirche zum Verhängnis. Bei den Luftangriffen der »Operation Gomorrha« am 28. Juli 1943 war ihr Turm – als höchster Punkt der Stadt – Zielpunkt der Royal Airforce.

Die Bomben verwüsteten das Kirchenschiff, doch die Wände und der Turm blieben stehen. In zwei Phasen wurde Hamburg von den britischen Bombern zerstört. Zuerst rissen die infernalischen Druckwellen ihrer Sprengbomben überall die Dächer von den Gebäuden und das Glas aus den Fenstern. Dann fielen auf die freiliegenden Dachstühle Brandbomben, und die aufgerissenen Gebäude brannten in rasender Geschwindigkeit aus. Über Hamburg tobte ein Feuersturm, bei dem 270.000 Wohnungen zerstört wurden und 35.000 Menschen ums Leben kamen. Viele fanden keinen Platz mehr in den Schutzkellern und irrten durch die brennende Stadt, auf der Suche nach Straßen, die nach den Bombardierungen unkenntlich geworden waren.

St. Nikolai wurde nach dem Krieg nicht wieder aufgebaut, sondern blieb als Mahnmal an die schreckliche Verwüstung stehen. Der Kirchturm wurde 2005 mit einem durchsichtigen Lift ausgestattet. Auf der Aussichtsplattform erwartet die Besucher ein Gegensatz, der kaum eindringlicher sein könnte. Hoch über den Dächern von Hamburg (auf dem heute fünfthöchsten Kirchturm der Welt), dokumentiert die ständige Ausstellung historischer Aufnahmen Hamburgs Zerstörung im Zweiten Weltkrieg. Aus der Luft glichen die Ruinen geisterhaften, ununterscheidbaren Schemen. Neben jeder Fototafel blickt man auf die schönsten Aussichten der heutigen Stadt.

Der Glaslift wurde vom Förderkreis »Rettet die Nikolaikirche« ermöglicht, um der Opfer von Krieg und Gewaltherrschaft zu gedenken. Zu ebener Erde wird die Ausstellung in der Krypta unter einer Glaspyramide fortgesetzt.

Adresse Willy-Brandt-Straße 60, 20457 Hamburg-Altstadt | **ÖPNV** U-Bahn 3, Haltestelle Rödingsmarkt; S-Bahn 1, 3, Haltestelle Stadthausbrücke | **Öffnungszeiten** Mai – Sept. täglich 10 – 20 Uhr, Okt. – April täglich 10 – 17 Uhr | **Tipp** Die Eintrittskarte für die ständige Ausstellung im ehemaligen Chor gilt zugleich für die Benutzung des gläsernen Lifts.

67 __ Der Marco-Polo-Tower

Zum Reinbeißen

Ob sich Hamburgs Spitzname für den Marco-Polo-Tower schon bis zu den Stuttgarter Architekten herumgesprochen hat? Beim Anblick seiner spiralförmig um die Mittelachse gedrehten Etagen, die jeden Moment auseinanderzurutschen scheinen, assoziierten die Hanseaten triefende Gurkenscheiben in scharfer Soße und tauften den neureichen Prunkbau der Behnisch-Architekten auf den Namen eines beidhändig zu essenden türkischen Imbissgerichts.

Der Marco-Polo-Tower ist so furchtbar unschön, dass man erwartet, er müsse es eigentlich selbst merken und von allein wieder verschwinden. Doch Bewohner des schiefen Turms zahlen für den unverbaubaren Ausblick auf die Elbphilharmonie und das Kreuzfahrtterminal der HafenCity Höchstpreise bis zu 3,7 Mio. Euro pro Wohneinheit und wollen bleiben. Verständlich, denn der Vorteil eines Apartments im Marco-Polo-Tower ist, dass man ihn von dort aus nicht sieht.

Noch vor Baubeginn bestätigten mehrere Gutachten der Hamburger Regierung den Verdacht auf regelmäßige Überschreitungen der zulässigen Schadstoffgrenzwerte in der Nähe der Kreuzfahrtterminals. Schiffsdieselmotoren laufen mit Kraftstoffen wie Schweröl und Schiffsdieselöl. Was da an Feinstaub aus den Schornsteinen der Luxusliner quillt, entspricht pro Stunde der Belastung von 50.000 Autos mit einer Fahrgeschwindigkeit von 130 Stundenkilometern. Die »ökologische Nachhaltigkeit«, die sich Projektentwickler der HafenCity so gern auf die Fahne schreiben, gerät ins Rutschen und offenbart peinliche Nebeneffekte. Von Bord der qualmenden Kreuzfahrtschiffe aus marschiert die Passagierschaft, kulturell ausgehungert, geschlossen in den »König der Löwen«, 100 Meter weiter geht den unglücklichen Bewohnern des Marco-Polo-Towers in ihren fliegenden Zwiebelringen die Luft aus. Da fragen sich manche Hamburger im Stillen, ob die HafenCity vielleicht das Eigentor zur Welt werden möchte.

Adresse Am Strandkai 3, 20457 Hamburg-HafenCity | **ÖPNV** Metrobus 6, Haltestelle Marco-Polo-Terrassen | **Tipp** Die Marco-Polo-Terrassen zwischen Kaiserkai und Strandkai sind moderne Parkfläche und sonniger Rastplatz zugleich.

68_ Der Marine- und Tropenausrüster Brendler

Welcome Gentlemen and Shipsmen

An Safarijacken der Firma Brendler verbiegen sich Moskitos den Stachel. Der helle Tuchstoff aus vollgezwirnter Baumwolle schützt sicher vor Insektenstichen, ist zeitlos im Stil und obendrein erschwinglich. Klar, dass die Geschäftsreise an den Äquator ebenso wie der Zelturlaub in Travemünde mit einem Einkauf bei »Tropen-Brendler« gegenüber vom Rathaus beginnt. Die tropentaugliche Kleidung aus Leinen und Baumwolle ist beim Tragen angenehm leicht und kühl. Ein Klassiker für den Winter ist der Stutzer, ein kurzer Mantel aus schwerer dunkelblauer Wolle, heute als Kabanjacke wieder in Mode, aber nur bei Brendler wirklich regen- und sturmdicht gewebt, wie es sich für die Mäntel stilsicherer Kapitäne gehört.

Das Hamburger Familienunternehmen, heute in vierter Generation geführt, ist ein Fachgeschäft, wie man es sich wünscht und selbst in der Hansestadt nur noch selten findet. Bei Brendler wird man nicht von gewöhnlichen Verkäufern, sondern Repräsentanten einer Dynastie beraten. Ob der Kunde, wie einst Hans Albers, für helle Leinenanzüge zu Brendler kommt oder wie Ole von Beust und Johannes Rau nach hanseatischen Klassikern in großer Auswahl sucht, jeder findet auf seiner Etage, was er sucht. Helle Kleidung hängt unten, die Treppe hoch erlebt der Mann von Welt ein dunkelblaues Wunder maritimer Noblesse. Hinter den Glasscheiben der Magazinschränke liegen Kapitänsmützen, Elbsegler-Mützen, Marine-Schiffchen mit Goldbiese und natürlich Helmut Schmidts Markenzeichen, die dunkelblaue Prinz-Heinrich-Mütze, die der Hamburger Altbundeskanzler stets bei Brendler gekauft hat.

Anspruchsvolle Kundschaft und höchste Qualität zu vernünftigen Preisen haben bei Ernst Brendler Firmengeschichte geschrieben. Schon 1879 begann Ernst Brendler als Uniformschneider am Hafen, doch die hauseigene Schneiderei von damals ist heute geschlossen.

Adresse Große Johannisstraße 15, 20457 Hamburg-Altstadt | **ÖPNV** U-Bahn 3, Haltestelle Rathausmarkt | **Öffnungszeiten** Mo – Mi 9.30 – 18 Uhr, Do, Fr 9.30 – 18.30 Uhr, Sa 9.30 – 16 Uhr | **Tipp** Nebenan in der Großen Johannisstraße 7 findet man noch eine Legende: Hutgeschäft Falkenhagen, gegründet 1916.

69 Die Maritime Circle Line

Hafenkreuzfahrt in roten Barkassen

Erst wenige Jahre gibt es die Museumsrundfahrt der Maritime Circle Line, und doch kann man sich den Hafen kaum noch ohne die fröhlichen roten Barkassen vorstellen, die von der Landungsbrücke 10 an- und abfahren. Hamburger und Besucher sind angetan von der neuen Hafenrundfahrt: Schon zum dritten Geburtstag der Maritime Circle Line konnte der 100.000 Fahrgast begrüßt werden!

Die fünf historischen Barkassen der MCL, früher meistenteils als Wassertaxis, Transportvehikel für Hafenarbeiter oder Stauereifahrzeuge eingesetzt, wurden zwischen 1909 und 1962 auf Hamburger Werften gebaut. Die besonders sicheren Schiffe sind wendig genug, Areale des Hafens zu befahren, die man von anderen Schiffen aus nicht zu sehen bekommt, und das ist eine der Einmaligkeiten der MCL. Auf geniale Weise verbindet die Rundfahrt der roten Barkassen Hafengeschichte und Hafenmuseen. Mit dem Ticket für eine Tour kann man an jeder Station aus- und wieder einsteigen und sich dazwischen in den Museen des Hamburger Hafens umsehen, solange man mag.

Sechs interessante Anleger steuern die Barkassen auf ihrer Rundfahrt an. Von den Landungsbrücken 10 geht es gemütlich durch den idyllischen Spreehafen und weiter zur ersten Station, dem Auswanderermuseum BallinStadt. Danach fährt man über den Saalehafen zum Hansahafen und zu den historischen Kaianlagen des Hafenmuseums. Mit Kurs auf den Traditionsschiffhafen der HafenCity wird die Rundfahrt fortgesetzt, hier schippert die Barkasse um die vieldiskutierte Baustelle der Elbphilharmonie herum, näher als man sonst je herankommt. Weiter geht es zur Speicherstadt und bei günstigem Wasserstand die Fleete entlang an den historischen Lagerhäusern vorbei. Von dort ist das nächste Ziel der Anleger beim Museumsfrachter Cap San Diego an der Überseebrücke. Zurück geht's durch den Sportboothafen zur Landungsbrücke 10. Bis zum nächsten Mal, Kapitän!

Adresse Bei den St.-Pauli-Landungsbrücken 10, 20359 Hamburg-St. Pauli | **ÖPNV** S-Bahn 1, 2, 3, U-Bahn 3, Haltestelle Landungsbrücken | **Öffnungszeiten** Mo 10–17 Uhr, Mi–Fr 10–17 Uhr, Sa und So 10–18 Uhr | **Tipp** Falls noch Zeit für ein Foto ist: Dreimastbark Rickmer Rickmers, die Grande Dame der Museumsschiffe, liegt am Ponton 1a, geöffnet täglich 10 bis 18 Uhr.

70__Das Maritime Museum
Echte Knochenarbeit

»Niemand wird Seemann, wenn er geschickt genug ist, dafür zu sorgen, dass er ins Gefängnis kommt; denn auf einem Schiff ist man wie im Gefängnis, nur dass auch die Chance besteht, dass man ertrinkt.« Die Bemerkung Samuel Johnsons nimmt das Elend der Napoleonischen Kriege vorweg. Französische Soldaten, die in britische Gefangenschaft gerieten, suchten aus ihren Essensresten die Knochen heraus, sammelten sie und fertigten daraus filigrane, exakt detailgetreue Schiffsmodelle. Von den berühmt gewordenen Knochenschiffen sind auf der ganzen Welt noch etwa 300 Stück erhalten, allein in der »Schatzkammer auf Deck 8«, der achten Etage des Internationalen Maritimen Museum Hamburgs sind 32 Exemplare zu bewundern.

Ein aufwendiger Nachbau des Zwischendecks eines britischen Internierungsschiffes zeigt die elenden Bedingungen, unter denen die gefangenen Seeleute ihre heute sehr wertvollen Knochenkunstwerke schufen. Die Seltenheit dieser und weiterer Modelle aus Silber, Elfenbein und Bernstein krönt das weltweit einzige Schiffsmodell aus purem Gold. Es handelt sich um die prunkvolle Miniatur der Karavelle »Santa Maria«, des Flaggschiffs von Christoph Kolumbus.

Im Kaispeicher B, dem ältesten erhaltenen Kontorbau der Speicherstadt, eröffnete 2008 das Internationale Maritime Museum mit der Privatsammlung Dr. Peter Tamms. Wie in dem Film »Citizen Kane« steht auch hier der geliebte Besitz eines Jungen am Anfang aller Schätze. Während im Film der Zeitungsmagnat Charles Foster Kane zwischen seinen Reichtümern auf Schloss »Xanadu« von seinem Kinderschlitten Marke Rosebud träumte, bekam der Vorstandsvorsitzende des Springerverlags als Sechsjähriger von seiner Mutter ein Wiking-Schiffsmodell Maßstab 1:1.250 geschenkt. Es sollte das erste Exponat seiner Sammlung werden. Gezeigt werden neben Schiffsmodellen und historischen Souvenirs, wie alten Speisekarten, auch Uniformen und Orden.

Adresse Koreastraße 1, 20457 Hamburg-HafenCity | **ÖPNV** Metrobus 6, Haltestelle Osakaallee | **Öffnungszeiten** Mo – So 10 – 18 Uhr | **Tipp** Der monatliche Vortrag im Museum von Meeres- und Polarforschern zur Klima- und Meeresforschung ist einen Besuch wert.

71 Die Mitte von Hamburg

Garantiert im Mittelpunkt stehen

Was liegt bei 53 Grad, 34 Minuten, 8 Sekunden nördlicher Breite und 10 Grad, 1 Minute, 44 Sekunden östlicher Länge? Weder eine Tafel noch ein Hinweisschild machen darauf aufmerksam, trotzdem ist der Mittelpunkt von Hamburg auch ohne Sextant und selbst in sternenloser Nacht nicht zu verfehlen, denn hier ragt weithin sichtbar und wohlzentriert die Turmspitze von St. Gertrud auf. Ihre Vorgängerin, die Gertrudenkapelle, stand seit dem 15. Jahrhundert in der Innenstadt und wurde 1842 beim Großen Brand zerstört, nur der Gertrudenkirchhof in der City erinnert heute noch daran. Die neue St. Gertrudkirche wurde in Uhlenhorst am Kuhmühlenteich gebaut und der Grundstein am 40. Jahrestag der Zerstörung der Gertrudenkapelle gelegt.

Vor der neogotischen Kirche sind Spuren einer besonders feierlichen Geburtstagsparty erhalten. Zum 400. Jubiläum Martin Luthers wurde hier ein Eichbaum gepflanzt und der Name »Luthereiche« per Senatsbeschluss bestätigt. Doch von der historischen Luthereiche blieb nichts als ihr Name, die Eiche selbst überstand den ersten Nachkriegswinter nicht. Wie so mancher große Baum in Hamburgs öffentlichen Anlagen wurde sie zu Brennholz verarbeitet. Die heutige Luthereiche wurde 1948 auf dem Platz ihrer Vorgängerin gepflanzt.

Um den Baum herum wurden 1889 acht Steinpfeiler von ungefähr zwei Metern Höhe im Kreis aufgestellt. Sie zeigen die Schutzheiligen von Hamburg als Bronzerelief auf der Vorderseite und repräsentieren zugleich die acht historischen Kirchengemeinden. Angeordnet sind sie in der Reihenfolge ihrer Gründung: St. Petri, St. Nikolai, St. Katharinen, St. Jacobi, St. Michaelis, St. Georg, St. Pauli und St. Gertrud. Wer die Pfeiler umrundet, durchwandert dabei den Lebenslauf Martin Luthers. Auf den Innenseiten sind alle acht Steine mit Zitaten von ihm versehen und erinnern an die bedeutendsten Stationen seines Lebens.

Adresse Immenhof 10, 22087 Hamburg-Uhlenhorst | ÖPNV U-Bahn 3, Haltestelle Uhlandstraße | Tipp In den Monaten Mai, Juli, August und September findet Hamburgs schönster Flohmarkt auf dem Immenhof vor der Kirche statt, Informationen unter www.alstermediateam.de.

72 __ Der Monopteros im Hayns Park

Relikt aus dem Senatorengarten

Max Theodor Hayn war nach heutigen Begriffen ein klarer Befür-
worter der Privatisierung. Das große Abenteuer während seiner
Amtszeit als Senator war der Bau der Hamburger Speicherstadt. Im
Rathaus forderte Hayn den Senat auf, den Hamburger Kaufleuten
die Flächen für den Bau ihrer Speicher lieber gleich zu verkaufen und
damit einen ordentlichen Gewinn zu machen. Wenn mit dem Bau
der Speicherstadt erst begonnen wäre, sei für die Stadt an eine spätere freie Verfügung über das Terrain ohnehin nicht mehr zu denken.

Von all den hitzigen Debatten, die damals im Rathaus um die
Speicherstadt geführt wurden und ihm viel zu zögerlich und schlep-
pend vorangingen, mag der Senator nach Feierabend im cremefar-
benen Gartenpavillon seiner Frau oder einem guten Freund berich-
tet haben. Der Garten der Senatorenfamilie war im Jahr 1873, als
Hayn ihn erwarb, noch ein Grundstück von 27.300 Quadratmetern
Fläche. Mit dem Beginn der Alsterkanalisierung veränderte die Stadt
Hamburg den ehemaligen Garten grundlegend.

Von den Gebäuden, die früher in dem weitläufigen Garten standen, ist heute nur noch der Monopteros übrig. Zum Glück für die
Eppendorfer: Der kleine Tempel sieht nicht nur gut aus, sondern ist
auch gut zu sehen und macht es möglich, sich zu treffen, bevor man
mit den Handys in der Hand zusammenstößt.

Von Weitem gleicht der runde Säulenbau mit seinem schönen
grün verfärbten Kupferdach einer zierlichen Sternwarte. In der Gar-
tenkunst früherer Jahrhunderte wurde der Monopteros als Musen-
tempel gebaut. An die Ehrung von Göttern und Göttinnen dachte
man hier nicht, weshalb es etwas weniger schmerzt, den kleinen Tempel durch Graffiti verunziert zu sehen. Eher wegen ihres dekorativen
Wertes wurden Monopteren während des Klassizismus als romantischer Blickfang in Schlossgärten und Kurparks erbaut.

Adresse Eppendorfer Landstraße 148, 20251 Hamburg-Eppendorf | **ÖPNV** U-Bahn 1, Haltestelle Hudtwalckerstraße | **Tipp** Am angrenzenden Eppendorfer Mühlenteich überwintern die Hamburger Alsterschwäne, gepflegt von Schwanenvater Herrn Nieß, der für die Fütterung und Pflege der Vögel sorgt.

73__ Der Nationalpark Hamburgisches Wattenmeer

Watt scheun

Auf dem Hamburger Stadtplan sind nicht alle Stadtteile verzeichnet. Einer fehlt. Der ist nicht etwa zu klein, um eingezeichnet werden zu können. Er ist einfach zu weit weg! 100 Kilometer vom Zentrum entfernt liegt die Insel Neuwerk in der Nordsee und ist seit über 700 Jahren Teil der Freien und Hansestadt Hamburg. Dazu gehören noch die beiden unbewohnten Inseln Nigehörn und Scharhörn und ein paar Sandbänke im Hamburgischen Wattenmeer. Vorübergehend waren sie Teil von Niedersachsen, seit dem Cuxhaven-Vertrag von 1969 gehören sie wieder zu Hamburg.

Neuwerk fiel im 14. Jahrhundert an Hamburg. 1393 eroberte die Hansestadt Schloss Ritzebüttel in Cuxhaven, zu dem der Wehrturm Nige Wark aus dem Jahr 1310 gehörte. Der Turm ist bis heute erhalten und scheinbar unverwüstlich. Einst schützte er die Insel vor feindlichen Seeräubern. 1814 erhielt er ein Leuchtfeuer, das bis heute funktioniert. Nige Wark ist das älteste heile Bauwerk von Hamburg, wenn er auch nicht direkt in Hamburg steht.

In knapp zwei Autostunden erreicht man Cuxhaven, legt das letzte Stück auf der MS Flipper oder im Wattwagen zur Insel Neuwerk zurück und fühlt sich gleich wie verreist.

Auf der malerischen Vogelschutzinsel Scharhörn, acht Wattkilometer vor Neuwerk, lebt im Sommer als einziges nicht geflügeltes Lebewesen die Vogelwartin. Man kann Scharhörn in ihrer Begleitung erkunden und mit dem Fernglas Heringsmöwen, Säbelschnäbler und Zwergseeschwalben beobachten. Entlang der Nordseeküste leben Seehunde, durch Strömungsrinnen, die sogenannten Priele, vor Feinden geschützt. Hin und wieder blitzt im Schlick ein Souvenir auf, und man findet zwischen Schwertmuscheln und Krabben ein Stück Bernstein. Das Hamburgische Wattenmeer wurde 2011 in die Liste der UNESCO-Welterbestätten der Menschheit aufgenommen.

Adresse Nationalpark Hamburgisches Wattenmeer, 27499 Insel Neuwerk | **Anfahrt** Empfehlungen für die Anreise unter www.nationalpark-wattenmeer.de | **Öffnungszeiten** Insel Neuwerk ist täglich mit der MS Flipper zu erreichen, die Reederei informiert unter www.cassen-eils.de. | **Tipp** Für eine Besichtigung der Vogelschutzinsel bitte bei der Vogelwarte Scharhörn unter Tel. 04721 / 28584 anmelden.

74 Die Nordischen Seemannskirchen

Für Matrosen und Landratten

Früher reichten die kurzen Landgänge kaum aus, um die Seeleute an christliche Lebensführung zu gemahnen. Schon ging's wieder an Bord und für Monate raus auf die Weltmeere, weit fort von Gott und seinen guten Hirten.

Im 19. Jahrhundert kümmerten sich die neu entstandenen skandinavischen Seemannsmissionen um das Seelenheil ihrer Landsleute. Aus den Anfängen sind heute vier lebendige Kirchengemeinden geworden. Mit ihren Kirchen haben die Skandinavier auch ihre Lebensart in die Ditmar-Koel-Straße gebracht. Die älteste Seemannskirche, Hausnummer 36, ist die 1907 geweihte schwedische Gustaf-Adolfskirche.

Ein Stück weiter, Nummer 6, steht die finnische Seemannskirche. Sie ist eine Hochzeitskirche, auch wenn man's dem schlichten Bau nicht gleich ansieht. Hier hat der Seemannspastor schon viele Paare zum Bund fürs Leben vereint. Zur finnischen Seemannskirche gehört eine echte Finnsauna!

Zwei Häuser weiter kommt die norwegische Sjomannskirken mit dem auffallenden hellgrünen Spitzturm über dem Eingang. 1945 wurde sie von Sprengbomben zerstört. Die Druckwelle schleuderte die Kirchenglocke auf die Straße, doch sie blieb unversehrt und versieht heute wieder ihren Dienst.

Die Benediktekirken der Dänen in der Hausnummer 2 gehört zur Dänischen Seemannsmission, die schon 1875 gegründet wurde, aber lange keine eigene Kirche besaß. Erst nach dem Zweiten Weltkrieg überließ der Hamburger Senat der dänischen Gemeinde ihr Grundstück, auf dem Architekt Dr. Otto Kindt die dänische Seemannskirche baute.

Der offene Kirchturm der Benediktekirken ist der Adventskirche in Kopenhagen nachgebildet.

Adresse Ditmar-Koel-Straße, 20459 Hamburg-Neustadt | **ÖPNV** U-Bahn 3, Haltestelle Baumwall | **Öffnungszeiten** finnische Seemannskirche und Sauna: Di – Fr 16 – 21 Uhr, Sa 18 – 21 Uhr, dazu gibt's finnische Spezialitäten im Kirchenladen; norwegische Sjomanns-kirken: Di 9 – 21 Uhr, Mi 14 – 21 Uhr, Do 9 – 21 Uhr, Fr – Sa 14 – 21 Uhr, So 14 – 18 Uhr | **Tipp** Empfehlenswert sind die skandinavischen Weihnachtsmärkte der Seemannskirchen, Termine bei Bekanntgabe unter www.hamburg.de.

75_ Die Norwegerhäuser

Blockhausidylle aus der Nazizeit

Die frühesten urkundlichen Erwähnungen Wohldorf-Ohlstedts datieren auf das 13. und 14. Jahrhundert. So lange ist schon bekannt, dass es dort gute, saubere Luft und ländliche Stille gibt, Lebensqualität, die aus dem alten Walddorf bis heute ein begehrtes und wohlhabendes Villenviertel macht.

Außerhalb des Ortskerns erwartet den Spaziergänger eine Überraschung. In einer wenig befahrenen Seitenstraße findet sich eine separate Siedlung großer, dunkel gebeizter Blockhäuser. Die Dächer sind von langen Gräsern bewachsen, Türen und Fensterläden volkstümlich verziert. Hübsch dekorierte Fenster, gepflegte Treppenaufgänge und die ruhige Lage der Norwegerhäuser auf großzügigen Grundstücken erwecken fast den Eindruck eines malerischen Ökodorfs. Als sichere Unterbringung für hohe Parteimitglieder der NSDAP, weit außerhalb der Zielgebiete feindlicher Bombardierungen gelegen, waren die Einfamilienhäuser geplant.

Im Jahr 1943, drei Jahre nach der Besatzung Norwegens durch die Wehrmacht, orderte Gauleiter und Reichsstatthalter von Hamburg Karl Kaufmann bei der norwegischen Firma Alf L. Whist 30 Einfamilienhäuser, die in Fertigbauteilen aus Norwegen angeliefert wurden. Die Kosten der an insgesamt fünf verschiedenen Standorten errichteten Blockhaussiedlungen trug die Stadt Hamburg beziehungsweise die Siedlungs-Aktiengesellschaft Altona (SAGA) als Verwalterin.

Die Wände der Blockhäuser sind mit Zapfen versehen und waren einfach und solide zusammenzubauen. Allein 16 norwegische Fertigbauhäuser wurden am Ohlstedter Stieg errichtet. Die malerischen, ebenerdig gelegenen Gebäude mit Terrasse und Garten verfügen über 64 bis 123 Quadratmeter, verteilt auf zwei bis vier Zimmer, sowie Küche und Bad. Mit der landschaftlichen Gestaltung der Siedlung wurde das Architekturbüro von Werner Kallmorgen beauftragt. Nach dem Ende des Krieges verkaufte die SAGA die Norwegerhäuser.

Adresse Ohlstedter Stieg, 22397 Hamburg-Ohlstedt | **ÖPNV** U-Bahn 1, Haltestelle Ohlstedt | **Tipp** Durch die Bredenbekstraße kommt man zum 1,5 Kilometer weit entfernten »Hörndiek«, einem einmalig stimmungsvollen Badesee in der Stadt.

76_ Die Oberhafen-Kantine

Zurück in die 20er Jahre

Nach einer Tour durch die HafenCity gibt erst die kleine Stärkung in der Oberhafen-Kantine einem das echte Hamburggefühl zurück. Im Niemandsland zwischen den Baustellen drückt sich das windschiefe Backsteinhaus an die Hochbahntrasse, ein zauberhafter Flapper aus den Roaring Twenties, wie durch ein Wunder kaum gealtert. Vor einigen Jahren ist die Oberhafen-Kantine von Klausmartin Kretschmer mit viel Aufwand und großer Sorgfalt wieder so hergerichtet worden, wie sie früher aussah. Oben im Staffelgeschoss, wo in alten Zeiten Vorräte gelagert wurden, ist eine gemütliche Gaststube mit englischen Tapeten entstanden. Die Oberhafen-Kantine steht als gerettetes Kulturdenkmal seit 2000 unter Denkmalschutz, und der Restaurantbetrieb läuft wie eh und je. Serviert wird traditionelle Hamburger Küche, es gibt Aalsuppe, frisch gebratenen Pannfisch, hausgemachtes Sauerfleisch und Frikadellen. Gespeist wird im Schankraum, wo die Elbe manchmal bis an die Theke stand.

Eine ziemliche Schlagseite bekam das kleine Haus von den Sturmfluten und Unterspülungen, die es im Laufe der Jahre mitgemacht hat. Aber umgekippt ist es nie. Sogar die Bombennächte im Krieg hat es überstanden. Inzwischen hat die Deutsche Bahn ihre Brücke bis an die Regenrinne des Häuschens heran verbreitert, doch statt den Kopf einzuziehen, steht die Oberhafen-Kantine unbeugsam da wie eine würdige alte Hanseatin, der nichts und niemand etwas anhaben kann.

1925 vom Kantinenwirt Hermann Sparr und Architekt Willy Wegner erbaut, war die Kantine ursprünglich ein Imbiss für Hafenarbeiter. Ihr Baujahr fällt mit dem des Chilehauses zusammen, und bis heute wird gemunkelt, ein paar backsteinexpressionistische Ziegel seien bei Anlieferung im Oberhafen vom Laster gefallen und anderweitig genutzt worden. Allzu viele werden es nicht gewesen sein. Die Oberhafen-Kantine ist schließlich nur drei mal sieben Meter groß.

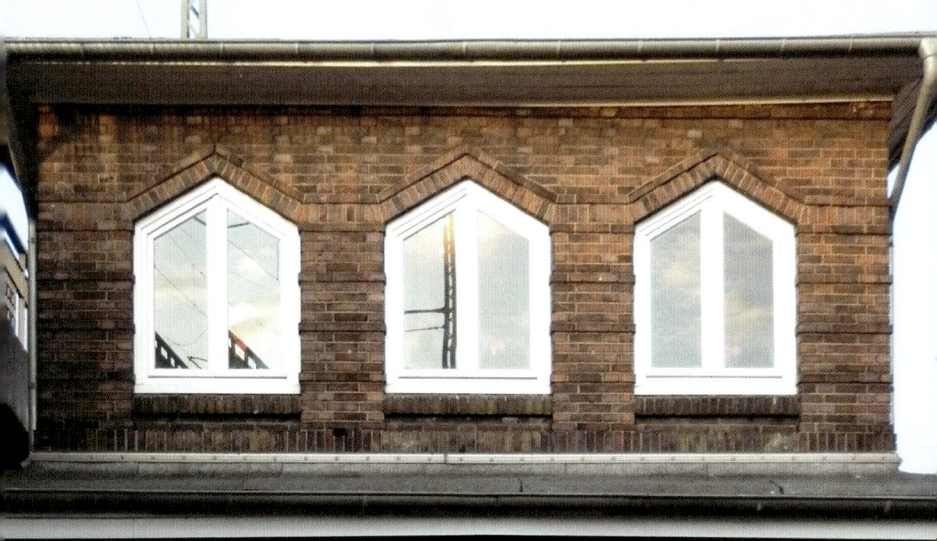

Ober hafen - Kan tine

Adresse Stockmeyerstraße 39, 20457 Hamburg-Altstadt | **ÖPNV** U-Bahn 1, Haltestelle Meßberg | **Öffnungszeiten** Di – Sa 12 – 22 Uhr, So 12 – 17 Uhr | **Tipp** 350 Meter entfernt, auf dem Lohseplatz 1a (ehemals Vorplatz des historischen Hannoverschen Bahnhofs), steht die Automobil-Ausstellung »Prototyp«, geöffnet Di bis So 10 bis 18 Uhr.

77 Die Oevelgönner Seekiste

Bei Störtebekers Schenkelknochen

Das kleine Lotsen- und Fischerdorf Oevelgönne ist gar nicht so harmlos, wie man denkt. Von der Decke des Kapitänshauses Nummer 61 hängt das außerordentlichste Erbstück der Seefahrerfamilie Lührs: ein echter Pottwalpenis. Mit dem wollten wilde Seeleute Hafenwirtin Hermine erschrecken, aber die wurde nicht mal rot. Nach ihrem Tod vermachte sie das Prunkstück testamentarisch ihrem Neffen für dessen Privatmuseum. Herbert Lührs, gebürtiger Övelgönner und Bootsbauer, ernannte sich selbst zum Kapitän, eröffnete 1972 Käppen Lührs Museum und stellte darin die über 150 Jahre alte Raritätensammlung seiner Familie aus.

Der kleinste Kompass der Welt ist bloß so groß wie ein Centstück und funktioniert bis heute. Das mahagonifarbene Kommoden-Klosett ist mit einem Goldeimer ausgestattet und sieht aus, als wäre es ein Grammophon ohne Trichter. Ein abgebrochener Stoßzahn ist mit feinsten Miniaturmalereien verziert. Wie seine Vorfahren sammelte Herbert Lührs sein Leben lang Strandgut und Kuriositäten aus der Welt der Seefahrt.

Als er zu alt wurde, das Museum zu führen, machte er sich auf die Suche nach einem Nachfolger. Doch es fand sich keiner. Auf dem Sterbebett nahm Käppen Lührs seinem Sohn Hannes das Versprechen ab, die Seekiste zehn Jahre zu verschließen, das müsse langen, um einen Nachfolger zu finden. Als das letzte der zehn Jahre anbrach, feierte Hannes Lührs Silvester auf Sankt Pauli und traf seine große Liebe. Er verkündete, er sei der Besitzer von Klaus Störtebekers Bein, und das machte ziemlichen Eindruck. Die beiden heirateten, und Ursula Lührs rettete die Seekiste. Hannes wollte verkaufen, seine Frau sagte nein. So blieb die Zauberwelt von Käppen Lührs erhalten. In einer uralten Truhe ruht Störtebekers Bein. Es ist das Originalbein, auf dem der Freibeuter 1401 nach seiner Enthauptung an seinen Männern vorbei übern Grasbrook lief. Wirklich, wirklich!

Adresse Övelgönne 61, 22605 Hamburg-Othmarschen | **ÖPNV** Bus 286, Haltestelle Halbmondsweg | **Öffnungszeiten** täglich geöffnet nach Vereinbarung unter Tel. 040 / 85358825 | **Tipp** Die Museumsleiterin veranstaltet Piraten-Kindergeburtstage, Anfragen an Frau Lührs, Tel. 040 / 85358825.

78 Das Opernloft

In 90 Minuten durch Wagners Ring

Gold bleibt Gold und Bayreuth bleibt Bayreuth, doch in Hamburg kommt der Nibelungenring als rasanter Modeschmuck auf die Bühne und ist bei Musikfreunden seit Jahren gefragt. Das Opernloft bewältigt Rheingold, Walküre, Siegfried und Götterdämmerung in 90 Minuten. Gekürzt, bereinigt und beschleunigt wird der Kern der Geschichte wiedergegeben, ohne dramatisches Bühnenbild, Chor und großes Orchester. Vier Opernsängerinnen übernehmen sämtliche Rollen und spielen nicht nur die Rheintöchter und Walküren, sondern auch Siegfried und seinen Gegenspieler Hagen. Gesungen wird die Musik von Richard Wagner als komprimierte Best-of-Version, leicht und frisch präsentiert wie ein Musical. Im Opernloft singen begabte, unverbrauchte Stimmen aus der ganzen Welt, die noch auf dem Weg zur internationalen Karriere sind, und reißen Publikum und Presse zu Begeisterungsstürmen hin.

Das Konzept eines Opernhauses für Kinder und Jugendliche hat sich durchgesetzt. Mit der 90-Minuten-Fassung in modernem Gewand ist eine eigene Kunstform entstanden, die bekannte Werke der Musikliteratur radikal kürzt, in der Besetzung reduziert und neu inszeniert. Auch die Zauberflöte, La Traviata, Carmen, und Figaros Hochzeit erscheinen im Opernloft in neuem Gewand als Kurz-Opern für Erwachsene.

Die Inszenierungen und ihre Ausstattung sind inzwischen mehrfach ausgezeichnet worden. Ungebrochen wirkt in jeder Neufassung der Zauber großer Opernmusik, der die jungen und verjüngten Ohren in den Zuschauerreihen gespannt folgen.

Zahlreiche Stücke, die hier entstanden sind, laufen inzwischen auch in anderen Städten erfolgreich. Für seine Leistungen wurde dem Opernloft im Jahr 2010 der Pegasus-Preis für Hamburger Privattheater verliehen. Für ihre phantasievollen Bühnenbilder wurde Ausstattungsleiterin Claudia Weinhart der Rolf-Mares-Preis verliehen.

Adresse Van-der-Smissen-Straße 4, 22767 Hamburg-Altona | **ÖPNV** Bus 111, Haltestelle Große Elbstraße | **Öffnungszeiten** Di – Do 14 – 17 Uhr, Mo geschlossen | **Tipp** Das berühmte »Dockland« von Hadi Teherani liegt drei Gehminuten westwärts an der Elbe.

79 Die Parfümerie im Hamburger Hof

Exklusivstes Parfümgeschäft der Hauptstadt

Ein wenig fühlen sich Liebhaberinnen alter Parfüms buchstäblich an der Nase herumgeführt, wenn sie auf der Suche nach Raritäten der 1920er und 1930er Jahre im größten Kaufhaus am Kurfürstendamm erleben, dass die wohlklingenden alten Namen französischer und englischer Parfümhäuser den russischen Verkäuferinnen und glossig geschminkten Verkäufern kaum vom Hörensagen, geschweige denn aus eigener Anschauung geläufig sind. Bei solcher Gelegenheit wird auf die resignierte Frage, wo, um Himmels willen, sich in Berlin eine wirklich gut sortierte Parfümerie finden ließe, hinter vorgehaltener Hand geflüstert: »Die finden Sie erst in Hamburg!«

Seit über drei Jahrzehnten bietet die Hamburger Hof Parfümerie eine einzigartige Auswahl von Düften der traditionsreichsten Parfümeure Europas. Eine ganze Wand des Geschäfts ist ausschließlich alten Parfüms vorbehalten. Funkelnd und strahlend stehen die geschliffenen Glasflakons in verspiegelten Regalen. Ob den Verkäuferinnen tatsächlich der Duft jedes Parfüms präsent ist?

Ein Parfüm der engeren Wahl sollte immer auf der Haut »anprobiert« werden. Den Kauf sollte man erst entscheiden, wenn sich der Duft vollständig entfaltet hat, was ein bisschen dauert. Unterschieden werden ein halbes Dutzend »Duftfamilien«, zu denen etwa blumige oder holzige Noten gehören, ebenso wie die Chyprenoten, die Francois Coty im Jahr 1917 mit seinem Parfüm »Chypre« erstmalig kreierte. Der korsische Parfümeur benannte seine Kreation nach der Insel Zypern (frz. Chypre), aus deren mediterraner Blütenwelt er seinen Duft komponierte. Alle Chypre-Parfüms bestehen in der Kopfnote, die man zuerst riecht, aus Zitrusölen, am häufigsten werden Bergamotte oder Neroli verwendet. Die Herznote, die sich als nächstes entfaltet, ist blumig, bestehend aus Rose oder Jasmin und wird von warmen Basisnoten wie Amber, Sandelholz oder Moschus ausbalanciert.

Adresse Hamburger Hof Passage, Jungfernstieg 26 – 30, 20354 Hamburg-Neustadt | **ÖPNV** S-Bahn 1, Haltestelle Jungfernstieg; U-Bahn 2, Haltestelle Gänsemarkt | **Öffnungszeiten** Mo – Sa 10 – 19 Uhr | **Tipp** Ein Meilenstein für Shoppingfreunde ist das exklusive Hamburger Papierfachgeschäft Schacht & Westerich seit 1826 gegenüber im Hanseviertel.

80__Der Paternoster im Slomanhaus

Wann steig ich aus?

Trügerisch gemächlich naht der Ausstieg zur nächsten Etage. Näher. Noch näher. Kinderkram, rechtzeitig den Absprung zu kriegen. Denkt man. Schon vorbei! Paternoster fahren langsamer als Fahrstühle, etwa einen Viertelmeter schaffen die Seile pro Sekunde. Bleibt Zeit genug nachzudenken, was über der obersten Etage mit der Kabine passiert, wenn man drinbleibt. Wird man im Kasten waagerecht über eine knarrende Seilwinde geschleift, à la Dracula im Sarg, bevor's mit den Schuhspitzen in der Luft wieder runtergeht?

Ein stummes Vaterunser (Paternoster) zum Himmel geschickt, siehe da, es geht alles gut aus. Am oberen und unteren Wendepunkt werden die Kabinen über Drehscheiben in den daneben liegenden Schacht geleitet, kommen zurück und hängen während der gesamten Runde senkrecht. Seinen Namen entlieh der Paternoster wegen seiner aufgereihten Kabinen den katholischen Gebetsketten, an deren Perlen der Rosenkranz gebetet wird. Der historische Paternoster im Slomanhaus ist weltweit der älteste seiner Art.

Kenner und Liebhaber stilvoller Beförderung, die den romantischen alten Paternoster im Bieberhaus vermissen, und denen verständlicherweise die steril-sozialistische Variante mit Küchengeruch in der Bezirksamtkantine Grindelberg als Alternative atmosphärisch inadäquat erscheint, werden den noblen Personenaufzug des Slomanhauses auf den ersten Blick ins Herz schließen.

Die Angestellten des Slomanhauses, ausgesucht freundliche Menschen mit hanseatisch geschliffenen Umgangsformen, wissen die prompte Verfügbarkeit ihres Paternosters zu schätzen. Um ihre Toleranz nicht zu strapazieren, wird darum gebeten, im Treppenhaus leise zu sprechen. Das prächtige Slomanhaus, Sitz der ältesten Reederei Deutschlands, erbaute Rathausarchitekt Martin Haller. Das Gebäude wurde im Jahr 2000 unter Denkmalschutz gestellt.

Adresse Steinhöft 11, 20459 Hamburg-Neustadt | **ÖPNV** U-Bahn 3, Haltestelle Baumwall | **Öffnungszeiten** Mo – Fr 10 – 17 Uhr | **Tipp** Schräg gegenüber sieht man das Stellahaus. Mit seiner strahlenden Fassade in Weiß und Hellblau ist es die Schwanenkönigin unter Hamburgs Kontorhäusern.

81 Der Pegelturm
Landungsbrücken

Fürchte dich, wenn der Blanke Hans kommt

Er ist ein waschechter Hamburger, der Tag für Tag mitten im Leben steht. Vor ihm auf der Hochbahntrasse rattert im Minutentakt die U3 um die Kurve, unter ihm legen auf den Wellen der Elbe die Fähren an und ab. Der Straßenverkehr fließt zäh, oft geht es minutenlang gar nicht mehr weiter, dann laufen die Motoren im Stop-and-go-Verkehr. Kein Wunder, dass der Pegelturm verwitterte, bis seine Verzierungen kaum noch zu erkennen waren.

Die Hamburg Port Authority ließ den Turm von Grund auf instand setzen. Um den Naturstein zu schonen, wurde die gesamte Fassade sanft gereinigt. Ein Trupp Steinmetze erneuerte zweieinhalb Kilometer Fugen und bearbeitete mehrere hundert Schadstellen. Danach wurden die verwitterten Ornamente von Bildhauern nach historischem Vorbild sorgfältig restauriert. Heute sieht der Pegelturm wie neugeboren aus.

Im Durchgang ist eine wunderschöne Jugendstiluhr zu sehen, die noch läuft. Weil der Pegelturm rund um die Uhr auf dem Quivive ist, wird das Zifferblatt vom Gockel für den Morgen und von der Eule für die Nacht flankiert. Außen am Turm sieht man die Inschrift: »Vohr di wann de blanke Hans kümmt«. Gemeint ist die Nordsee, von allen, denen sie Hochwasser bringt, respektvoll Blanker Hans genannt.

Der Pegelturm an Brücke 3 ist ein Jugendstilobjekt, er wurde von 1907 bis 1910 erbaut. Nach der Restaurierung konnte die historische Schwimmertechnik der Pegelanlage nicht wieder eingesetzt werden, denn die neue Hochwasserschutzwand versperrt den Zufluss des Wassers in den Pegelschacht. Die Rollbandziffern werden heute elektronisch gesteuert, und wie seit über 100 Jahren zeigt der Turm den Wasserstand an. Dazu schlägt alle halbe Stunde die Schiffsglocke.

Beeindruckend sind die großen Figuren »Allegorien der Winde« von Arthur Bock aus dem Jahr 1909.

Adresse Brücke 3, Bei den St.-Pauli-Landungsbrücken, 20359 Hamburg-Hafen | **ÖPNV**
S-Bahn 1, 3, U-Bahn 3, Haltestelle Landungsbrücken | **Tipp** Ein Fischbrötchen auf den
Pontons verzehren!

82 Der Pesthofkeller

Schauerlich dunkle Gewölbe

1607 öffnete der Pesthof in St. Pauli den Aussätzigen, psychisch Kranken und Obdachlosen seine Pforten. Auch Waisenkinder brachte man in den Gewölben unter, 1672 machten sie bereits ein Viertel der Insassen aus. Ein Wassergraben umgab das gesamte Areal. Das ist düstere Stadtgeschichte, die sich wie ein Gespensterroman anhört. Wer heute mit dem Verein unter hamburg e. V. die kalten Gewölbe besichtigt, in die nie ein Sonnenstrahl drang, glaubt, beim Anblick des nackten Steinfußbodens und der fleckigen Wände schaudernd die verzweifelten Schreie der Wahnsinnigen in den schwarzen Gängen zu hören.

So ähnlich könnte es in der Anstalt auch wirklich ausgesehen haben. Doch der jahrhundertealte Pesthof wurde vernichtet, und mit dem heutigen Pesthofkeller hat es eine etwas andere Bewandnis. Unter französischer Besatzung wurde der historische Pesthof 200 Jahre nach seiner Errichtung geschlossen, in einer Januarnacht 1814 brannten die Franzosen den Krankenhof und die Vorstadt nieder. Sechs Jahre später war St. Pauli wieder aufgebaut, doch die Fläche des ehemaligen Pesthofs ließ der Senat unbebaut und nutzte sie zunächst als Weideland.

1861 tauchte das Eckgrundstück, auf dem der als »Kellersaal« bezeichnete Gewölbekeller liegt, im Hypothekenbuch auf. Schon zwei Jahre später erwähnen Unterlagen der Feuerkasse für »Platz 43« erstmals einen gewölbten »Eiskeller unter dem Hofplatz«. Er gehörte zur Exportschlachterei des Hamburger Geschäftsmannes Johann Dittmer Koopmann, der darin seine Schweinehälften kühl und frisch hielt.

Obwohl sich also hinter dem geheimnisvollen Pesthofkeller nur ein ungewöhnlich großer Keller auf dem Gelände des ehemaligen Pesthofes verbirgt, der erst in der Mitte des 19. Jahrhunderts erbaut wurde, bleibt das unterirdische Gemäuer als historischer Eiskeller von erstrangiger Bedeutung für Hamburg.

Adresse Clemens-Schultz-Straße 94 – 96 und Annenstraße 34, 36, 20359 Hamburg-St. Pauli | **ÖPNV** Bus 112, U-Bahn 3, Haltestelle St. Pauli | **Öffnungszeiten** Der Verein unter hamburg e.V. führt durch den Pesthofkeller, die Termine werden unter www.unter-hamburg.de bekannt gegeben. | **Tipp** Kleiner als der Pesthofkeller ist der etwa zur selben Zeit erbaute Eiskeller von Louis C. Jacob in der Elbchaussee, der 1994 bei Bauarbeiten entdeckt wurde und ebenfalls besichtigt werden kann.

83 Der Piratenschädel

Tollkühner Coup

Als bekannt wurde, der Schädel Störtebekers sei aus dem Museum geklaut worden, hielten zwei große Ws die Hamburger in Atem. Wer macht so was? Und wie? Das Rätselraten wurde Sujet moderner Mythen der Hansestadt, denn bis heute wird keine der beiden Fragen von der Hamburger Polizei beantwortet. Für die Wiederbeschaffung des Schädels setzte das Museum für Hamburgische Geschichte eine Summe in vierstelliger Höhe aus. Dann geschah etwas, womit niemand gerechnet hatte. Von einem anonymen Überbringer wurde der Schädel bei der Polizei abgeliefert. Eine unendlich erleichterte Museumschefin holte das 600 Jahre alte Lieblingsstück höchstpersönlich auf der Wache ab und setzte den Schädel zurück in die Vitrine, wo er seitdem wieder bewundert wird. Seit 1922 schon wird Störtebekers Schädel im Museum ausgestellt.

Der Piratenschädel ist ein Heiligtum der Hamburger Geschichte und ein Publikumsmagnet für das Hamburgmuseum. Er wurde beim Bau der alten Speicherstadt auf dem Hamburger Grasbrook entdeckt, just an der Stelle, wo die Piraten zur Strafe für ihr räuberisches Dasein hingerichtet worden waren. Die Häupter der Hingerichteten waren zur Abschreckung aller, die insgeheim von einem Leben als Freibeuter träumen mochten, an der Einfahrt zum damaligen Hafen auf Pfähle genagelt worden. Auch der Schädel Störtebekers hat ein Nagelloch in der Schädeldecke.

Nachdem die Aufregung um den Schädelraub überstanden war, bekam die Hamburger Polizei lebenslänglich. Und zwar freien Eintritt im Hamburgmuseum, als Dankeschön für die Ermittlungen.

Das Museum für Hamburgische Geschichte nennt sich seit einigen Jahren halboffiziell »Hamburgmuseum«. Es handelt sich um keine Dependence, sondern um dasselbe Haus. Der neue Name ist nur dazu gedacht, ausländischen Touristen, vor allem Amerikanern, die es mit dem deutschen »ch« bekanntlich sehr schwer haben, die Aussprache zu erleichtern.

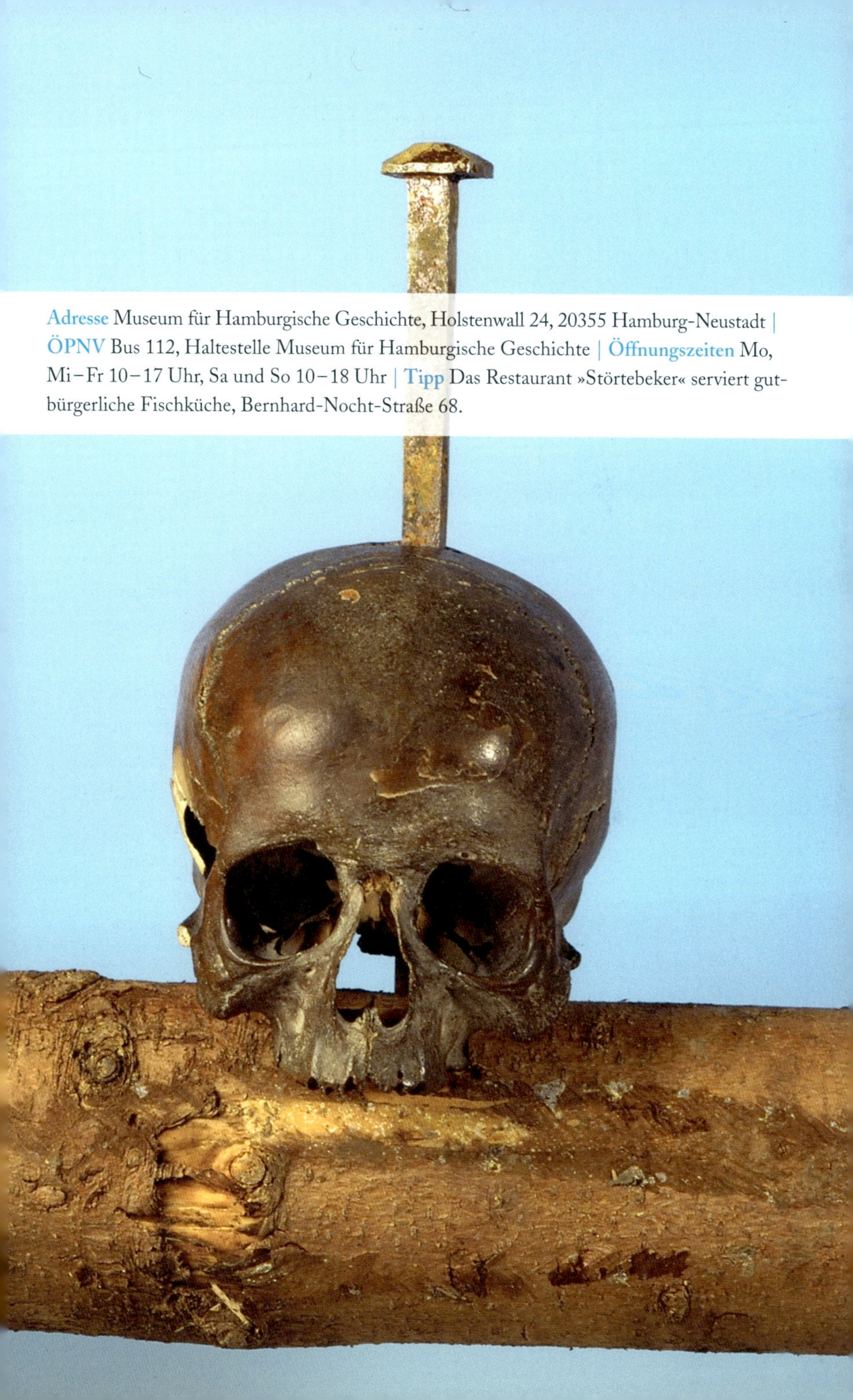

Adresse Museum für Hamburgische Geschichte, Holstenwall 24, 20355 Hamburg-Neustadt | **ÖPNV** Bus 112, Haltestelle Museum für Hamburgische Geschichte | **Öffnungszeiten** Mo, Mi−Fr 10−17 Uhr, Sa und So 10−18 Uhr | **Tipp** Das Restaurant »Störtebeker« serviert gutbürgerliche Fischküche, Bernhard-Nocht-Straße 68.

84_ Der Platz der Bücherverbrennung

Dort wo man Bücher verbrennt …

Ausgerechnet von einem Studenten der Politikwissenschaften kam der Aufruf zur Bücherverbrennung am Isebekkanal im Stadtteil Hoheluft. Als »Führer der Hamburger Studentenschaft« des Nationalsozialistischen Studentenbundes erklärte Wolff Heinrichsdorff in einer öffentlichen Hetzrede: »Fallen muss und wird die Autonomie der Hochschule, damit der Boden für die nationalsozialistische Universität Hamburg bereitet werden kann!«

Am Montag, den 15. Mai 1933 gegen 23 Uhr warfen Studenten des »Studentensturms« und der »Hochschulgruppe des Frontkämpferbundes Stahlhelm« die Bücher auf einen Haufen und zündeten sie an. Bis weit nach Mitternacht brannten am Kaiser-Friedrich-Ufer die Werke von Heinrich Heine, Carl von Ossietzky, Else Lasker-Schüler, Marieluise Fleißer, Sigmund Freud, Karl Marx und vielen anderen Schriftstellern, zusammengetragen von hitlerbegeisterten jungen Geisteswissenschaftlern der Universität Hamburg.

Fünf Tage zuvor hatten Berliner Studenten es auf dem Opernplatz den Kommilitonen vorgeführt. Zu insgesamt 93 Bücherverbrennungen kam es 1933 in deutschen Städten. Im Rahmen ihrer antisemitischen Kampagne »Aktion wider den undeutschen Geist« organisierte die nationalsozialistische »Deutsche Studentenschaft« (DSt) die Planung und Durchführung. Es handelte sich um nicht weniger als eine öffentliche Aufforderung zum Diebstahl. Auf der sogenannten »Schwarzen Liste« der Studenten waren die Buchtitel verzeichnet. Was Bibliotheken und Leihbüchereien davon nicht freiwillig hergaben, wurde geklaut.

Eine Gedenktafel erinnert heute an die Hamburger Bücherverbrennung. Das am Isebekkanal gelegene Mahnmal aus roten Granittafeln von Wolfgang Finck wurde 1985 als historischer Gedenkplatz mit einer Lesung eröffnet.

Adresse Kaiser-Friedrich-Ufer 4, 20253 Hamburg-Hoheluft | **ÖPNV** U-Bahn 2, Halte-stelle Christuskirche | **Tipp** Der Hamburger Arbeitskreis LeseZeichen organisiert alljähr-lich mit großem Erfolg Lesungen aus Büchern, die hier 1933 verbrannt wurden. Viele Prominente beteiligten sich bereits daran, und auch das Publikum lässt sich Jahr für Jahr gern zum Vorlesen auffordern.

HIER WURDEN AM 15. MAI 1933 VON

NATIONALSOZIALISTEN BÜCHER VERBRANNT.

5 JAHRE SPÄTER BRANNTEN DIE SYNAGOGEN

NACH AUSCHWITZ UND BIRKENAU

ENDETE DER FEUERSTURM VORLÄUFIG

IN HIROSHIMA UND NAGASAKI

85___ Der Plenarsaal der Hamburgischen Bürgerschaft

Die Freiheit der Älteren würdig bewahren

Dabeisein ist alles, wenn im Plenarsaal debattiert wird. Alle zwei Wochen, am Mittwochnachmittag um 15 Uhr, tagt im Hamburger Rathaus das Plenum der Bürgerschaft. Der eichenholzgetäfelte Saal ist, verglichen mit anderen Sälen des Rathauses, sehr schlicht gestaltet. So bleibt die Aufmerksamkeit der Abgeordneten auf das gerichtet, was im Plenum das Wichtigste ist: die Hansestadt und ihre Gesetze. Erst seit 1860 bestätigt und kontrolliert das Abgeordnetenparlamant den Hamburger Senat und wählt den Ersten Bürgermeister bis zum Antritt der nächsten Bürgerschaft. Der Bürgermeister beruft die Senatoren, die wiederum vom Abgeordnetenparlament bestätigt werden müssen.

Nichts geht ohne die Hamburgische Bürgerschaft. Ob es um das Hundegesetz, Schulgesetze oder den Stadtverkehr geht, hier wird über alles abgestimmt. Im Plenarsaal kommt auf den Tisch, was die Elbmetropole bewegt, und wird von Regierung und Opposition öffentlich vor den Bürgerinnen und Bürgern der Hansestadt diskutiert. Will der Senat eine unpopuläre Entscheidung durchsetzen, muss er sie vor den 121 Abgeordneten der Bürgerschaft verteidigen.

2010 revidierte die Bürgerschaft das Primarschul-Gesetz des Hamburger Senats aufgrund des Volksentscheids, in dem die Bürger dagegen gestimmt hatten. Der damalige Erste Bürgermeister Ole von Beust trat daraufhin von seinem Amt zurück. Als Besucher der öffentlichen (und kostenfreien) Plenarsitzungen nimmt man auf dem Zuschauerrang Platz und behält dort oben bei jedem Schlagabtausch den Überblick. Man mag nicht ganz so bequem wie im Theater sitzen, doch dafür erlebt man, wie aus einem öffentlichen Anliegen eine Debatte, aus der Abstimmung ein neues Gesetz und aus der Politik wieder ein Teil des täglichen Lebens wird.

Adresse Hamburger Rathaus, Rathausmarkt, 20095 Hamburg-Altstadt | **ÖPNV** S-Bahn 1, 3, U-Bahn 1, Haltestelle Jungfernstieg | **Öffnungszeiten** Das Plenum tagt zweiwöchentlich am Mittwoch um 15 Uhr. Für die kostenlose Teilnahme an einer Plenarsitzung ist die Voranmeldung unter Tel. 040 / 42831-2409 erforderlich. | **Tipp** Nicht in der Führung enthalten, aber trotzdem ein Muss: der alte Ratskeller, heute Restaurant Parlament, geöffnet Mo–Sa 11.30–23.30 Uhr, sonntags auf Anfrage.

86_ Das Portugiesenviertel

Galão und Pastel de Nata

Spanische und portugiesische Restaurants, Haus an Haus und Tür an Tür in ihrem »Hafendorf«, wie die Hamburger Portugiesen und Spanier ihr Barrio rund um die Ditmar-Koel-Straße stolz nennen. Ein Hauch von Seefahrerromantik umgibt die kleinen Bodegas, jede ist einmalig und unvergesslich.

Die Geschichte der Portugiesen und Spanier in Hamburg begann schon im 15. Jahrhundert, als Juden aus Portugal und Spanien vor die Wahl gestellt wurden, entweder zu konvertieren oder das Land zu verlassen. Für viele von ihnen wurden die europäischen Seehandelsstädte zur rettenden Zuflucht. Im 16. Jahrhundert zwang die Inquisition viele Juden der iberischen Halbinsel zur Flucht, auch sie begannen in den Hafenstädten Europas ein neues Leben und kamen nach Hamburg.

Vier Jahrhunderte später, in den 1960er Jahren ließen sich portugiesische Gastarbeiter als Hafenarbeiter in Hamburg nieder. Als die Aussichten, im Hafen Arbeit zu finden, immer schlechter wurden, begannen Portugiesen und Spanier, in der Nähe des Hafens Restaurants zu eröffnen. Baumwall und Vorsetzen waren die ersten Straßen, in denen sie mediterrane Kochkunst präsentierten. Spanische und portugiesische Küche ähneln sich, legen aber Wert auf ihre Eigenständigkeit. Die Hamburger waren überaus angetan von Knoblauch und Olivenöl und bereiten ihren Fisch längst genauso wie die Köche von der iberischen Halbinsel zu.

Die zweite Generation im Portugiesenviertel, die »segunda geração« fühlt sich Hamburg so verbunden wie dem Geburtsland der Eltern. 1996 wurde die Portugiesisch-Hanseatische Gesellschaft in Hamburg gegründet. Aus Freude an der Begegnung zwischen Hamburg und Lissabon führt die Gesellschaft die Musiktradition des süßen, melancholischen Fado in Konzerten auf, eröffnet Ausstellungen für zeitgenössische Malerei und hat sogar die Prozession zu Ehren der Madonna von Fátima schon durch Hamburg geführt.

Adresse Ditmar-Koel-Straße, 20459 Hamburg-Altstadt | **ÖPNV** S-Bahn 1, 2, 3, Haltestelle Landungsbrücken | **Tipp** Hinter dem Portugiesenviertel beginnt der Venusberg, ein lauschiger Park mit einem Piratenspielplatz für kleine und große Kinder.

87__Die Richtfeuerlinie Wittenbergen – Tinsdal

Zwei hundertjährige Leuchttürme

Einen Leuchtturm stellt man sich immer einsam und allein vor. Dabei gibt es manchmal Aufgaben, die auch Leuchttürme nur zu zweit schaffen. Wenn zum Beispiel eine Fahrrinne markiert werden muss, die so schmal ist, dass große Schiffe darin Gefahr laufen, auf Grund zu gehen, wie es auf der Elbe in Höhe von Blankenese und Rissen der Fall ist. Hier werden die Schiffe von hilfsbereiten Leuchtturm-Pärchen, den sogenannten Richtfeuerlinien geführt.

Sobald die Leuchttürme auftauchen, visiert man an Bord ihre Leuchtfeuer via Deckpeilung an, bis sie in einer Linie übereinander stehen. Im Dunkeln senden die Leuchttürme Tinsdal und Wittenbergen ein Lichtsignal über die Elbe: weißes Gleichtaktfeuer in Intervallen von acht Sekunden. Diese Kennung und die exakte Ausrichtung der Richtfeuerlinien sind in den Seekarten verzeichnet.

Das Unterfeuer Wittenbergen ist 29,5 Meter hoch und sein Leuchtfeuer nachts 14,3 Seemeilen oder 26 Kilometer weit übers Wasser zu sehen. Das Oberfeuer Tinsdal steht an der Grenze zwischen Hamburg und Schleswig Holstein im Leuchtfeuerstieg, erreichbar mit dem Bus 189 bis Haltestelle Grenzweg. Es ist 42 Meter hoch, und sein Leuchtfeuer strahlt im Dunkeln 16 Seemeilen, also fast 30 Kilometer weit über die Elbe. Seit 1900 arbeiten die beiden Stahlgittertürme als Richtfeuerlinie Wittenbergen-Tinsdal zusammen. Inzwischen stehen sie unter Denkmalschutz.

Hamburger gehen gern zu den beiden alten Leuchttürmen spazieren. Die Umgebung des Oberfeuers ist ländlich, mit ruhigen Gärten und vielen Wiesen an der Landesgrenze zu Schleswig-Holstein. Das Unterfeuer ist ein bisschen flippiger, wie man schon an seinem bunt bemalten Postament sieht, das ihm ausgezeichnet steht. Im Sommer ist der Wittenbergener Leuchtturm ein romantisches Ausflugsziel.

Adresse Leuchtfeuerstieg, Rissener Ufer, 22559 Hamburg-Rissen | **ÖPNV** Bus 189, Haltestelle Wittenbergener Weg; Bus 189, Haltestelle Grenzweg | **Tipp** Ganz in der Nähe, im Grotiusweg 79, hat das zauberhafte Puppenmuseum von Frau Dröscher Di bis So 11 bis 17 Uhr geöffnet.

88_ Das Riedemann-Mausoleum

Familientempel für eine geliebte Tochter

Das Mausoleum ist geheimnisvoll wie ein mystischer Tempel und schön wie ein Palast. Als Rathaus-Architekt Martin Haller den Entwurf dafür erstmals zeigte, wurde seine Grabstätte als »zu fromm« abgelehnt. Ein Sternenhimmel ziert die Decke im Altarraum. In der Krypta wird durch einen aufgemalten, fallenden Vorhang an der Wand der Tod versinnbildlicht. Haller baute das neoromanische Mausoleum mit Sandsteinverblendung für die Familie von Riedemann, deren Name das Mosaik im Tympanon über dem Eingang schmückt.

Die Familie trauerte um ihre Tochter Sophie, die im Alter von nur 19 Jahren gestorben war. Doch die überzeugten katholischen Christen waren vom Glauben an die Auferstehung erfüllt, und so gestaltete Wilhelm Anton von Riedemann das Innere des Mausoleums wie ein großes Bekenntnis zur Auferstehung. Für die Grabstätte ließ er die Figuren von Maria Magdalena, Maria und Salome fertigen, die am Ostermorgen das Grab Jesu besuchen. Es sind junge Frauen, denn der um ihre Tochter trauernden Familie lag es am Herzen, gerade sie als Zeuginnen der Auferstehung zu zeigen.

Das Riedemann-Mausoleum bot Raum für 39 Särge, nur fünf Familienmitglieder sind seinerzeit darin bestattet worden. Ihre Sarkophage wurden später nach Lugano überführt, dem letzten Wohnort der Familie. Inzwischen droht der Anlage der Verfall, denn für den Erhalt der kostbaren Grabstätte fehlt der Stadt Hamburg das Geld. Zwar hört man das heute überall, doch in diesem besonderen Fall befremdet es mehr als sonst, denn Wilhelm Anton von Riedemann, dem Kaiser Wilhelm II. als »seinem Namensvetter« den Adelstitel verlieh, war zu Lebzeiten Milliardär. Gemeinsam mit dem legendären amerikanischen Milliardär John D. Rockefeller gründete von Riedemann die Deutsch-Amerikanische Petroleum Gesellschaft, aus der die heutige Esso Deutschland entstand.

Adresse Friedhof Ohlsdorf, Fuhlsbütteler Straße 756, 22337 Hamburg-Ohlsdorf | **ÖPNV** S-Bahn 1, Haltestelle Ohlsdorf | **Öffnungszeiten** Besuchsanfragen an Ronald Rossig, Vorstand des Vereins Unter Hamburg e.V., unter der Mailadresse info@unter-hamburg.de | **Tipp** Die Ohlsdorfer Parkdroschke bietet Rundfahrten mit Pferd und Wagen über den Friedhof. Telefonische Voranmeldung erwünscht. Erwachsene ab 12 Euro, Kinder bis 5 Jahre frei. Tel. 0157/36144692, www.ohlsdorfer-parkdroschke.de

89 Der Römische Garten

Geheimes Rendezvous

Die Suche nach Blankeneses geheimstem Park lohnt sich. Doch man findet ihn nicht so leicht, dafür liegt der Römische Garten zu verborgen oben am Geesthang. Folgt man dem Falkensteiner Weg bergabwärts zum Falkensteiner Ufer, geht es ein Stück geradeaus, bis rechterhand der Strand beginnt und man geradeaus durch die Bäume den ersten der Blankeneser Leuchttürme sieht. Hier liegt auf der linken Seite eine Sackgasse, noch weiter links entdeckt man eine steile Treppe, da geht's hoch. Nach einem langen Aufstieg wird die geschwungene Thujahecke des Römischen Gartens sichtbar.

Heute sieht man nur noch eine stark vereinfachte Version des ursprünglichen Gartens, den Familie Warburg 1897 erwarb. Mit der Emigration der Warburgs endete die Glanzzeit ihres Gartens, und wie ein Küstenstrich, der unter Stürmen und Brandung verschwindet, ist der Römische Garten verwildert und unkenntlich geworden. Nach dem Krieg machte Eric M. Warburg die Parkanlage seiner Familie der Stadt Hamburg zum Geschenk, geknüpft an die Bedingung, den Garten wieder in seinen früheren Zustand zu versetzen.

Der toskanische Rosengarten ist seit dem Krieg nicht mehr aufgebaut worden, seitens des Senats heißt es, die Instandhaltung sei für die Hansestadt zu kostspielig. Obwohl das meiste der herrlichen Anlage nur noch in Archiven dokumentiert ist, lässt der Römische Garten bis heute erahnen, dass hier in den 1920er und 1930er Jahren ein festlicher, eleganter Treffpunkt der Hamburger Gesellschaft war.

Das Seerosenbecken ist gerahmt wie ein Spiegel und sollte von der kleinen Bank aus betrachtet werden, zu der eine zierliche Freitreppe hinaufführt.

Grasbewachsene Stufen führen hinunter zum Freilichttheater, dessen Form man noch gut erkennt. In den 1920er Jahren wurden hier mehrere Sommer hindurch private Aufführungen inszeniert, zu denen Max Warburg Freunde der Familie einlud.

Adresse Falkensteiner Ufer, 22587 Hamburg-Blankenese | **ÖPNV** S 1, S 11 Haltestelle Blankenese; Buslinie 48 Haltestelle Falkentaler Weg | **Tipp** Vom Falkensteiner Ufer aus auf Höhe von Hausnummer 26 ist bei Ebbe das verfallene Wrack der Polstjernan zu sehen. Der finnische Motorsegler geriet 1926 in Brand und wurde von der Firma Harmstorf aus Blankenese hier zur letzten Ruhe gebettet.

90 Der Schellfischtunnel

Räucherfisch, tunnelfrisch

Auf der kleinen Brücke Kaistraße, Ecke Elbberg hat man den besten Blick auf den Schellfischtunnel. Bis vor ein paar Jahren konnte man nah herangehen und in den stillgelegten Tunnel hineinsehen, jetzt stehen davor die neuen Gebäude von Hadi Teherani. Dafür wird der Schellfischtunnel regelmäßig zum Tag des offenen Denkmals geöffnet und lockt reichlich Besucher an. Erhalten bleibt er Altona bestimmt, denn ihn abzureißen wäre teurer als die Instandsetzung. 1998 wurde der Schellfischtunnel saniert, nun guckt er mal in Ruhe, was ihm die Zukunft noch so bringen mag.

Seine Vergangenheit reicht zurück bis in die Zeit, als die Städte Altona und Kiel noch beide zum Königreich Dänemark gehörten. 1844 wurden die Fischereihäfen beider Städte durch die Ostseebahn verbunden. Dabei stieß man in Altona auf ein Hindernis, das unüberwindlich zu sein schien: Zwischen dem Altonaer Güterbahnhof und dem Hafen lag 30 Meter hoch der Geesthang. Der Bau eines Tunnels durch den Berg wurde aus Kostengründen erst mal abgelehnt.

Die Altonaer Fischhändler wollten abwarten, ob sich das Geschäft mit der Eisenbahn als rentabel erweisen würde, und verschoben die Geburtsstunde des Schellfischtunnels auf unbestimmte Zeit. Sie behalfen sich mit einem Provisorium, für das allerdings ein gewaltiger Kraftaufwand nötig war. Die Eisenbahnwagen, die unten am Kai mit Fisch beladen wurden, setzte man auf Zugwagen um und zog sie mittels einer Standseilbahn über eine Rampe den Elbberg hinauf. Oben warteten Pferde und zogen die schwere Fracht zum Altonaer Bahnhof.

Mit der direkten Verbindung von Gleis und Hafen vervielfachte sich der Warenumschlag im Fischereihafen, und für Altona begann der rasante Aufstieg zur Fischhauptstadt Europas. Seit 1889, als die Hafenbahn den Schellfisch für die Ottenser Fischräuchereien zu liefern begann, wird der Hafenbahntunnel Schellfischtunnel genannt.

Adresse Elbberg, 22767 Hamburg-Altona | **ÖPNV** Bus 112, Haltestelle Elbberg | **Tipp**
Über den Elbberg gelangt man zum Altonaer Balkon, einer Parkterrasse, die den schönsten
Blick auf den Hafen bietet.

91__ Das Schiff

Planken, die die Welt bedeuten

In Hamburg gibt es für jeden Anlass ein Schiff. Manche Schiffe sind Restaurants, auf anderen Schiffen wird gewohnt. Es gibt Museumsschiffe und eine schwimmende Kirche in der Hansestadt, aber vor allem hat Hamburg das Theaterschiff.

Getauft wurde es auf den Namen »Seemöwe«. Bei offiziellen Anlässen wird es »Theaterschiff« genannt. Für die Besatzung und ihren großen Freundeskreis aber ist es einfach »Das Schiff«.

Wie eine nautische Sehenswürdigkeit liegt der blau-weiße Dampfer im Nikolaifleet vor Anker, ganz malerisch mit der Katharinenkirche im Hintergrund. Die schwimmende Bühne hat längst Theatergeschichte geschrieben. Gert Fröbe und Heinz Reincke gingen über 400 Mal an Bord auf die Bühne, verzauberten ihr Publikum und wurden zu »Ehrenmatrosen« ernannt. Auch Senta Berger, Peter Ustinov und Uwe Friedrichsen hatten schon Auftritte auf den Theaterplanken.

Das Schiff ist hochseetüchtig und geht bis heute auf Reisen. Umringt von Presse und Fernsehen, sticht es zur Kieler Woche, nach Bremerhaven, Helgoland und zu den Häfen rings um Hamburg in See. Jedes Jahr ist es bei der Hamburger Theaternacht dabei, und 2008 richtete der Sender Hamburg 1 in der HafenCity auf dem Schiff sein Fernsehstudio ein und berichtete live. An Bord fand 2010 auch das 1. Chansonfest mit Preisverleihung statt, das ein großer Erfolg war und nun alljährlich wiederholt wird.

Dabei ist es eigentlich für das Schiff schon sein zweites Leben, und das fing mit 63 Jahren erst richtig an. Der erste Schiffsbrief wurde ihm vom königlichen Amtsgericht in Harburg schon 1912 ausgestellt. Bei einem nächtlichen Bombenangriff im Zweiten Weltkrieg sank es im Hamburger Hafen und wurde gehoben, repariert und wieder seetüchtig gemacht. Als der Dampfer für die Schiffahrt nicht mehr rentabel war, wurde er 1974 zum Theaterschiff umgebaut. 25 Jahre später übernahm Familie Schlesselmann die Leitung des Theaters.

Adresse Holzbrücke 2, 20459 Hamburg-Altstadt | **ÖPNV** U-Bahn 3, Haltestelle Rödings-
markt | **Öffnungszeiten** Spielplan unter www.theaterschiff.de | **Tipp** Auf dem Hopfen-
markt, 150 Meter weiter, gibt es dienstags und donnerstags von 10 bis 14.30 Uhr den
traditionellen Wochenmarkt, ein quirliges Vergnügen.

92 Die Schlackesteine am Elbufer

Wäre es ohne sie schöner?

Sie schulen die Balance, fördern die Geschicklichkeit, und mit ein bisschen Übung bewegt man sich auf den glänzenden grauen Brocken bald so sicher wie im Sand. Trotzdem haben die Schlackesteine nie so viele Fans gewonnen wie Badminton und Ashtanga-Yoga, dabei ist Schlacke-Steining original Hamburgerisch, obendrein umsonst und draußen!

Ursprünglich fallen die glänzenden, schweren Steine als Rückstandsprodukt bei der Verhüttung von Stahl aus Eisenerz ab. Im Schmelzfluss wird die Schlacke vom Metall abgetrennt, übrig bleibt sogenanntes »taubes Gestein«, aus dem das Eisenerz herausgeschmolzen ist. Ein wenig Metall bleibt immer zurück, deshalb haben viele Schlackesteine einen metallischen Glanz und blitzen mitunter im Sonnenlicht auf wie Spiegel. Die Bezeichnung Schlacke entwickelte sich während der Anfänge der Erzverhüttung, als man die Rückstände noch durch Schläge vom Metall entfernte. Schlackesteine sind ausgesprochen kostengünstig, haben ein größeres Gewicht als natürliche Steine und scheinen nur sehr langsam zu verwittern, weshalb sie lange für den idealen Flutschutz gehalten und als Wellenbrecher eingesetzt worden sind.

Ingenieure haben bestätigt, dass die Aufschüttung der Steine eigentlich nicht notwendig und ihre Höhe für eine sinnvolle Uferbefestigung oder als Flutschutz zu flach sei. Viele Anwohner sähen es gern, wenn die Schlackesteine abtransportiert und das Ufer renaturiert würde. Nicht nur, weil man von dort vielleicht eines Tages wieder baden gehen könnte, sondern auch wegen des Unbehagens darüber, ob die Brocken mit Schwermetallen belastet sind, oder nicht. An der Nordsee wurde nachgewiesen, dass aus Schlackegestein der Uferbefestigung Schwermetalle herausgewaschen und von Meerestieren aufgenommen wurden.

Adresse 22587 Elbstrand Blankenese bis 22650 Elbstrand Övelgönne | ÖPNV Bus 48, Haltestelle Krögers Treppe | Tipp Zur Stärkung geht es in die » Brücke 10 im Strandhaus«, Övelgönner Hohlweg 12. Der urige Klassiker serviert Fischbrötchen, Kuchen und im Sommer am Wochenende Gegrilltes (Mo–Fr 12–18 Uhr, Sa und So 10–18 Uhr, bruecke10-im-strandhaus.de).

93_Das Schmidt&Schmidtchen

Im siebten Himmel

Rosenrote Vanillecreme garniert mit einem zarten Segel aus weißer Schokolade. Eine perfekte Verführung. »Leichtes Mädchen« lautet der Name des Tartelettes von Schmidt&Schmidtchen, deren virtuose Konditorenkunst die Wahl zur süßen Qual macht. Unwiderstehlich lockt »Death by chocolate« und schmilzt gaumenbetörend auf der Zunge. Intensivstes Schokoladenglück, man könnte sagen eine selig machende Nahtoderfahrung im Schokoladenhimmel. »Leichtes Mädchen« und »Death by Chocolate« sind Kreationen des Konditormeisters Karl Kipping und werden nach Originalrezept von Hand gefertigt.

Eine neue Kreation ist »Ida Wölkchen«, ein Himbeer-Mascarpone Tartelette. Im Sommer gab es »Ida Berge«, ein Tartelette mit einem Himbeerberg und Vanillecreme. Die Wintervariation verzaubert die Gäste mit Himbeer- und Mascarponecreme und ist gleich ein Renner geworden. Die Lemontartelettes, nach klassisch französischem Tarterezept, gibt es mit kleiner runder Baiserhaube. Die Baiserhaube ist leicht und luftig, denn der Geschäftsführer mag kein ausgehärtetes Baiser.

Die Geschichte von Schmidt&Schmidtchen beginnt mit dem heutigen Traditionshaus in Othmarschen am Beseler Platz. Dort eröffnete 1926 das Konditoreicafé Müller. Mehrmals wechselte die Konditorei ihren Namen, blieb aber immer ihrer Handwerkstradition und ihren höchsten Ansprüchen treu. Als Konditormeister Kipping die Leitung des Cafés übernahm, hieß es bereits seit 1950 Café Schmidt.

Heute hat das Schmidt & Schmidtchen viele Standorte, nicht nur in verschiedenen Teilen Hamburgs, sondern bspw. auch in Ahrensburg. Und die Kette expandiert weiter. Für die herausragende Qualität seiner Konditorenkunst und der exquisiten Backkreationen seines Brotsommeliers wurde das Schmidt & Schmidtchen mehrfach ausgezeichnet. Der »Feinschmecker« kürte das Haus zum »Beste Café in Hamburg«, und es wurde unter die Top 5 der besten Bäcker Deutschlands gewählt.

Adresse Standorte: Café Schmidt, Beselerplatz 10, 22607 Hamburg; weitere Standorte siehe https://www.schmidt-und-schmidtchen.de | **ÖPNV** Beselerplatz: S 1 bis Othmarschen | **Öffnungszeiten** Café Schmidt Beselerplatz: Mo–Fr 10–18 Uhr, Sa, So 8–18 Uhr | **Tipp** Von der Filiale Café Schmidt Große Elbstraße aus ist es nicht weit zum Fähranleger Fischereihafen. Mit einer Fahrkarte des HVV kann man die Fähren 61 und 62 für eine Fahrt über den Strom nehmen.

94 __ Das SCHMITT Foxy Food

Von der Würde der Wurst

Im afro-amerikanischen Slang der 1970er Jahre bedeutete der Ausdruck »foxy« dasselbe wie »sexy« (entstanden aus dem Blaxploitation-Film »Foxy Brown« von Jack Hill aus dem Jahr 1974). Seit SCHMITT seinen Senf dazugibt, wenn's um die Wurst geht, serviert eine neue hanseatische Foxyness ethisch gehobene Wildschweinbratwurst vom Grill. Hamburger lieben den Kalauer, um so mehr nächtens per Astra ad Astra. Genauso gehört es sich im Slang der Elbtöchter und ihrer Verehrer, etwas ernstzunehmend Gutes lässig-bedauernd »nicht gerade sexy« zu finden. Also musste sich ein Imbiss, der Jungs und Mädels bis spät in die Nacht kaltes Bier und heißes Schlachtgut auftischt, das öko, aber foxy ist, in kürzester Zeit in die Herzen der Nachtschwärmer grillen. Und so geschah es.

Man kann nicht alle Tage Bismarckhering und Nacht für Nacht Austern essen, auch nicht in der schönsten Hafenstadt der Welt. Wer bisher im Leben immer das kurze Ende der Wurst abgekriegt hat, lässt künftig nur noch die »Wuchtbrumme« mit »Grillgold« auf den Teller.

Die Würstchen, Schnitzel und Steaks von SCHMITT kommen aus einer Schlachterei in der Sternstraße am Schulterblatt, gleich in der Nachbarschaft. Bei höchsten Hygienestandards werden hier erstklassige Wurstwaren nach EG-Ökoverordnung gefertigt, die strengen Qualitätskontrollen unterliegen. Das schmeckt man. Auf die Verwendung üblicher Zusatzstoffe und Geschmacksverstärker wird verzichtet, SCHMITTs Currywurst enthält einfach nur Wurst und Curry, trotzdem macht sie noch durstig genug. In der Schanze, in Ottensen und in Winterhude wird der Freundeskreis der Foxy-Food-Gäste beständig größer, auch in weiteren Hamburger Stadtteilen ist die Eröffnung neuer Läden geplant. SCHMITT Foxy Food hat auch Filialen in der Bahrenfelder Straße 146 in Ottensen, in der Hudtwalckerstraße 28 in Winterhude und in der Gertrudenstraße 2 in der Innenstadt.

Adresse Susannenstraße 1, 20357 Hamburg-Schanzenviertel | **ÖPNV** Bus Linie 3 oder 602, Haltestelle Bernstoffstraße; U 3, S 11, S 21, S 31: Haltestelle Sternschanze | **Öffnungszeiten** Mo–Mi 11.30–0 Uhr, Do–Sa 11.30–3 Uhr, So 12–0 Uhr | **Tipp** Die gemütliche Susannenstraße ist noch wie in der guten alten Zeit voller inhabergeführter Boutiquen und Geschenkeläden

95__Das Schnaakenmoor

Wildes, weites Land

Im Frühsommer blüht Wollgras, das Heidekraut duftet süß und würzig, knorrige Wurzeln ragen aus den Sandwegen, und der Wind streicht durchs Birkengrün. Abseits der Wege ruhen die dunklen Spiegel des Moores. Das Schnaakenmoor im Westen von Hamburg könnte eines der Naturreiche für Feen und Trolle sein, die der schwedische Maler John Bauer gemalt und gezeichnet hat. Die schöne, wilde Landschaft entstand vor etwa 10.000 Jahren nach der letzten Eiszeit, als urzeitliche Stürme die Schmelzwassersande aus dem Elbe-Urstromtal zu großen Dünen aufhäuften. In ihren Senken bildeten sich nach Vernässung und Versumpfung allmählich Hochmoore. Wachsende Besiedlung, zunehmende Landwirtschaft und der bis nach dem Krieg betriebene Torfabbau führten dem Schnaakenmoor erheblichen Schaden zu.

Das Gebiet wurde 1979 unter Naturschutz gestellt und ist heute ein Natura-2000-Gebiet. Damit gehört das Schnaakenmoor zu den Schutzgebieten der Europäischen Union, in denen europaweit seltene und bedrohte Lebensräume und Arten erhalten und vermehrt werden. In den 1980er Jahren wurden die vom Reichsarbeitsdienst angelegten Entwässerungsgräben endlich geschlossen, und seitdem fließt das Regenwasser wieder in den Boden. Auf diese Weise wurde der Wasserspiegel angehoben und die Moorflächen renaturiert.

Von den bedrohten Tierarten, die auf der Roten Liste geführt werden, sind hier viele inzwischen wieder heimisch. Selbst die scheuen Kraniche haben sich ins Schnaakenmoor zurück gewagt. Früher wurden sie oft gestört, wenn Wanderer sie aus der Nähe beobachten wollten. Zum Schutz der Vögel hat man deshalb den Feldweg 85 gesperrt, wodurch im südlich davon gelegenen Moor ein beruhigtes Nistgebiet entstanden ist. Um die weiten Heideflächen des Schnaakenmoores zu pflegen, wird der Gehölzjungwuchs der Birken regelmäßig aus dem Boden gezogen. Die Heide wird entkusselt, sagt der Ökologe dazu.

Adresse Klövensteenweg, Schnaakenmoor, 22559 Hamburg-Rissen | **ÖPNV** S-Bahn 1, Haltestelle Rissen | **Tipp** Der Waldspielplatz im Klövensteen und die Ponywaldschänke (Babenwischenweg 28) haben in Hamburg Ausflugstradition.

96 __ Die schönste Aussicht im Treppenviertel

Blick vom Olymp

Besucher von außerhalb gehen ungern und eher selten mitten ins Treppenviertel hinein, selbst wenn sie schon in Venedig waren und heil herausfanden. Im Sonnenschein sehen die kleinen Häuschen von Blankenese zwar hübsch und harmlos aus, doch wenn dem arglosen Fremden nun missglückte, sich bis Einbruch der Dämmerung wieder an der Hauptstraße einzufinden, was dann? Welch entsetzliche Vorstellung, man könnte sich verirren im schweigenden Labyrinth steil in die Höhe führender, enger Treppen mit ihren Hunderten, Tausenden und Abertausenden schlüpfriger, ausgetretener Stufen, in schwarzer Nacht, ohne Straßenbeleuchtung und Handyempfang ... Es wird eine Art nagenden Unwohlseins geweckt bei diesem Gedanken, in dessen Folge die meisten Ortsunkundigen auf ausufernde Entdeckungstouren lieber verzichten, woraus wiederum folgt, dass auf den schönsten Bänken des Treppenviertels immer Plätze frei sind.

Einerseits führen mehr Wege als nach Rom zur schönsten Aussicht im Treppenviertel, andererseits muss man sich aber auch nicht die Hacken ablaufen, wenn es einfacher geht. Am Ende des steilen Aufstiegs die Stehrs Treppe hinauf erreicht man einen Verbindungsweg, geebnet wie eine Terrasse, hinter dem es über Krumdal wieder zurück zum Strand geht (oder umgekehrt, wem es lieber ist). Von hier reicht der Ausblick über Fliederbüsche, Gras und Taubnesseln am Hang hinab zur Elbe und bis zum Ufer von Cranz.

Es ist ein entspanntes Verweilen auf den Bänken, in Stille und zufriedener Abgeschiedenheit, beschaulich wie im Garten eines Freundes. Mitgeführte Hunde dösen, vom Aufstieg müde, unter den Bänken. Kaum, dass mal einer spricht, und falls doch, dann nur ein paar gedämpfte Worte. Für kurze Zeit rückt alles, was man gleich noch vorhat oder worüber man bis eben nachgedacht hat, in weite Ferne, wie die Schiffe auf der Elbe und die Möwen überm Leuchtturm.

Adresse Stehrs Treppe, 22587 Hamburg-Blankenese | **ÖPNV** Bus 48, Haltestelle Krumdal | **Tipp** Das kleinste Haus im Treppenviertel liegt ganz in der Nähe im Krumdal kurz vor dem Strandweg. Lütthus wird als Ferienappartement vermietet.

97__Das Schulauer Fährhaus

Gleich kommt ein Pott!

Man trägt als Hamburger sein Leben lang die Sehnsucht nach dem Horizont im Herzen und steht doch für immer mit beiden Beinen fest auf der Erde. Das Schulauer Fährhaus ist ein Platz, an dem sich mit diesen beiden Seiten der Hamburger Seele ein unvergesslicher Nachmittag verbringen lässt.

Mit Blick aufs Wasser taxiert man, was ein- und ausfährt auf der Elbe. Bei den kleinen Schiffen passiert gar nichts. Taucht am Horizont ein großes Containerschiff auf, knackt es im Lautsprecher über den Kaffeetischen, und der Kapitän von Willkomm Höft erzählt den Gästen alles Wissenswerte über das Schiff: welchen Namen es trägt, unter welcher Flagge es fährt, wie lang seine Reise bis Hamburg war, wie lang und wie breit es ist und welchen Tiefgang es hat.

Inzwischen ist der Pott in Hörweite ans Willkomm Höft herangefahren. Dann senkt sich die Hamburg-Flagge am Mast zum Gruß (in der Seemannssprache heißt das Flagge dippen), und das einfahrende Schiff wird mit seiner Nationalhymne begrüßt. Wenn der letzte Ton über die Elbe weht und die Mannschaft an Deck steht und winkt, schallt es vom Schulauer Fährhaus: »Willkommen in Hamburg! Wir freuen uns, Sie in unserem Hafen begrüßen zu können!« Das ist ein schöner und feierlicher Augenblick, und es kommt sogar vor, dass der Kapitän des großen Schiffes den Landratten gerührt einen Gruß rübertuten lässt.

Für auslaufende Schiffe wird die Flagge gedippt und das Flaggensignal »UW« für »Gute Reise« gehisst. Begründer der Schiffsbegrüßungsanlage ist Otto Friedrich Behnke (1899 – 1964), der sie zur Freude der Seeleute und zur Verständigung der Völker gedacht hat. Im Sommer 1952 wurde der Mast mit einer Buddel Rum getauft und Willkomm Höft begrüßte das erste Schiff. Wie viele mögen es seitdem gewesen sein? Ein Extratipp ist das Buddelschiffmuseum von Willkomm Höft, in dem über 200 Flaschenschiffe aus aller Herren Länder zu sehen sind.

Adresse Parnaßstraße 29, 22880 Hamburg-Wedel | **ÖPNV** Bus 189, Haltestelle Elbstraße | **Öffnungszeiten** Mo–Do 11.30–18 Uhr, Fr und Sa 11.30–21 Uhr, So 9.30–21 Uhr | **Tipp** Vor dem Fährhaus geht vom Strandweg der Elbwanderweg ab und bietet kilometerlang einen herrlichen Spaziergang entlang der Elbe.

98__Das Solarschiff Alstersonne

Stellt alle in den Schatten

Futuristisch in spiegelnde Module gehüllt, gleitet das größte Solarschiff der Welt majestätisch über die Alster. Wenn einem jemand sagte, das Schiff gehöre einem Scheich aus Dubai, der sich für ein paar Millionen einen Kindheitstraum erfüllt habe, man würde es sofort glauben. Dabei fährt die Alstersonne in ihrer supercoolen Aufmachung für alle, die Lust haben, an Bord zu kommen.

Seit über zehn Jahren ist der schadstofffrei schwimmende Katamaran eine Sehenswürdigkeit, die es nur in Hamburg gibt, denn bei der »Alstersonne« handelt es sich um eine Sonderanfertigung. Sie ist gewissermaßen die größte Extrawurst, die im Solarschiffbau jemals verlangt wurde. Gemeinsam entwickelten der Geschäftsführer der Alster Touristik GmbH und die Kopf AG in Sulz am Neckar einen 25,5 Meter langen Solarkatamaran mit Platz für 80 Fahrgäste und genügend Leistung für 12 bis 16 Stunden Dauereinsatz täglich: mit Sonnenenergie.

Über die Autobahn wurde das 42 Tonnen schwere Original vom Neckar an die Alster gebracht. Die Hamburger verliebten sich sofort in die neue Attraktion mit Rundum-Panoramafenstern, die noch dazu herrlich leise fährt. Wenn es zu warm wird, öffnen sich die Solarmodule mit den darin enthaltenen Gel-Akkus und lassen frischen Seewind rein. In weniger schönen Sommerwochen muss die »Alstersonne« mal zum Auftanken ans Stromnetz gelegt werden, doch kann umgekehrt auch der ungenutzte Strom des Schiffes ins öffentliche Netz abgegeben werden. Die beiden Acht-Kilowatt-Motoren des Solarkatamarans bringen eine Höchstgeschwindigkeit von zehn Stundenkilometern, doch da auf der Alster nicht schneller als acht Stundenkilomter gefahren werden darf, langt das völlig. Solarschiffe sind nur für den Einsatz auf Gewässern mit geringer Strömung geeignet. Auf der Elbe würde die »Alstersonne« vom Wasser mitgerissen und wäre wegen der minimalen Motorkraft glatt manövrierunfähig.

Adresse zum Beispiel Alsteranleger Jungfernstieg, 20354 Hamburg-Neustadt | **ÖPNV**
S-Bahn 2, 3, U-Bahn 2, Haltestelle Jungfernstieg | **Öffnungszeiten** Fahrplan und alle An-
legestationen unter www.alstertouristik.de, telefonische Anfragen unter Tel. 040 / 3574240 |
Tipp Zwei Minuten entfernt, Neuer Wall 5, eröffnete 1910 die weltweit erste Douglasfiliale.
Auch heute ist dort die Douglasparfümerie.

99___Die Statue Karls des Großen

Erbauer der Hammaburg

Mit der linken Hand hält der König eine Miniatur der Hammaburg, als wäre sie eine Krone. In Wirklichkeit ist es ihm nicht gelungen, die Hammaburg mit links zu halten, ganz im Gegenteil. Schon 845 fielen die Wikinger ein, überwältigten Karls Festung und hauten alles kurz und klein, was der Frankenkönig und Römische Kaiser an der Alster erbaut hatte. Lange nahm man an, dass die Hammaburg um 817 erbaut wurde. Seit 2014 wird davon ausgegangen, dass sie aus dem 8. Jahrhundert stammt.

Die heutige Statue Karls des Großen ist eine Kopie des Originals von Engelbert Peiffer. Die ursprüngliche Figur wurde während des Ersten Weltkriegs eingeschmolzen, Kirchenglocken werden wahrscheinlich nicht daraus gegossen worden sein. Karl der Große Nummer zwei wurde 1926 gefertigt und ist 1977 in der Michaelisstraße aufgestellt worden. Der historische Standort der älteren Statue befand sich am heutigen Domplatz.

Heute steht die Bronzestatue auf dem Vorplatz des »Kleinen Michel«, wie die Katholische Kirche St. Ansgar bei den Hamburgern heißt. Vier Löwen eskortieren den König, auf dessen Postament als geheimnisvolles Zeichen sein Name prangt. Das sogenannte Kreuzrhombus-Monogramm ist aus mittelalterlichen Urkunden überliefert. Aus dem rautenförmigen O wird die obere Hälfte als A und die untere als U gelesen. Die Konsonanten werden dazu in der Reihenfolge links-oben-unten-rechts ergänzt. So ergibt sich der lateinische Name des Kaisers KA-RO-LU-S.

Ungefähr zwei Meter hoch ist die Statue Karls des Großen, der nach heutigem Wissen für seine Zeit wirklich außergewöhnlich groß war. Man geht davon aus, dass er mindestens 1,82 Meter, wenn nicht sogar 1,90 Meter maß. Seine Missionsstation an der Alster sollte nach dem Willen Karls das Erzbistum Hamburg begründen.

Adresse »Kleiner Michel«, Katholische Kirchengemeinde St. Ansgar, Michaelisstraße 5, 20459 Hamburg-Neustadt | **ÖPNV** S-Bahn 1, Haltestelle Stadthausbrücke | **Tipp** 100 Meter entfernt Richtung Michel steht die Zitronenjette an der Treppe zum Teilfeld. Wenn man ihren goldenen Finger berührt, erfüllt sie einen Wunsch.

100 Die Störtebekerstatue

Gottes Freund und der Welt Feind

Nur ein Blick in seine blitzenden Augen, schon klapperten die Feinde vor Angst mit den Zähnen. Die Herzen der Frauen aber flogen ihm zu wie Konfetti, jede wollte ihn haben. Vor 700 Jahren wurde er geköpft, heute ist Störtebeker der beliebteste Szeneheld der Hansestadt. Alle unbeugsamen, freiheitsliebenden Hamburger verehren den wilden Seeräuber. Piratenflaggen wehen auf den Dächern der Hafenstraße und am Millerntor über den FC St.-Pauli-Fans. Wie seine heutigen Anhänger gab auch Störtebeker keinen Deut aufs Hamburger Establishment und musste dafür am Grasbrook sein Leben lassen. Seine Statue wurde dort aufgestellt, wo vor vielen hundert Jahren die Richtstatt stand.

Störtebekers Piratenbande waren die Vitalienbrüder. So hießen sie, weil sie das belagerte Stockholm im Krieg zwischen Dänemark und Mecklenburg mit Lebensmitteln versorgten (Viktualien). Berühmteste Helden jener Bruderschaft waren Klaus Störtebeker und Godeke Michels, die sich auch Liekedeeler nannten, weil sie gerecht miteinander teilten. Später erklärten die Vitalienbrüder sich zu Gottes Freund und der Welt Feind, um fortan die Handelsschiffe der reichen Hamburger Pfeffersäcke zu entern.

Vor Helgoland wurden die Piraten gefangen genommen. In Hamburg läuteten alle Kirchenglocken, als man die wilden Kerle gefesselt an Land brachte. Die Legende erzählt von der Zusage Hamburgs an Klaus Störtebeker, diejenigen seiner Raubgesellen freizulassen, an denen er nach der Enthauptung noch ohne Kopf vorbeilaufen könne. Doch der Henker soll dem Piratenanführer ein Bein gestellt haben, als er den fünften Mann seiner Bruderschaft erreicht hatte, und geköpft wurden alle.

Die Bronzestatue von Hansjörg Wagner zeigt Störtebeker mit gefesselten Händen. Stolz reckt er das Kinn zum Himmel, wo sein einziger Richter thront. Die Männer, die ihn zum Tode verurteilten, würdigt er keines Blicks.

Adresse Busanbrücke, Osakaallee, Ecke Koreastraße, 20457 Hamburg-HafenCity | **ÖPNV** U-Bahn 1, Haltestelle Meßberg | **Tipp** Der Schädel Störtebekers, Hamburgs Reliquie Nummer eins, steht im Hamburgmuseum, Holstenwall 24. Der Schädel war 2010 gestohlen und zurückgegeben worden (siehe Kapitel 84).

CLAAS STÖRTEBEKER
GÖDEKE MICHELS
1401

GOTTES FREUND DER WELT FEIND

101 _ Der Stuhlmannbrunnen

Sternenhimmel im Kopf des Zentauren

Der hoch aufgerichtete Zentaur ist im Begriff zu siegen. Sein Ellbogen zwingt den Arm des älteren Gegners nach unten, er hält den Kopf des Fisches in den Himmel und hat das Netz fest im Griff. Mit dem Stuhlmannbrunnen wird ein Stück Hafengeschichte erzählt. Bevor Hamburg und Altona zu einer Stadt wurden, gab's beim Thema Fisch heftigen Streit zwischen ihnen. Der Kampf der Titanen zeigt die erbittert konkurrierenden Fischmärkte beider Städte. Die Umsätze der Hamburger Fischer stellten die ihrer Rivalen in den Schatten, doch als Altona 1895 mit dem Bau der Fischauktionshalle begann, wendete sich das Blatt. Der jüngere Titan begann, über den älteren zu siegen.

Zwei Jahre später begann der Bau des Stuhlmannbrunnens zum Gedenken an Günther Ludwig Stuhlmann, Begründer der Altonaer Gas- und Wassergesellschaft. In seinem Vermächtnis übereignete er Altona eine große Geldsumme für öffentliche Bauten und einen Brunnen zur Erinnerung an ihn selbst. Nach dem Tod des Mäzens schrieb die Stadt einen Wettbewerb aus, den Bildhauer Paul Friedrich Carl Türpe gewann. 25 Jahre nach Stuhlmanns Tod begann der Bau des Brunnens. Der Kupferschmied Otto Bommer fertigte die imposanten, über sieben Meter hohen Zentauren aus Kupferblech.

Seit der Einweihung am 1. Juni 1900 wurde der Stuhlmannbrunnen zweimal versetzt. Zuerst während der Erweiterung des Altonaer Bahnhofs und später nach der großen Sanierung der Brunnenfiguren. Manchmal hört man es in den Zentauren rufen und lachen. Dann ist der Leiter des Altonaer Stadtarchivs gerade mit einer Besuchergruppe drin! Bei Besichtigungen geht's aus dem Brunnenkeller hoch in den Pferdebauch der linken Figur und weiter zum Kopf des rechten Zentauren.

Wenn die Sonne scheint, strahlt Licht durch unzählige winzige Löcher im Kupferblech und zaubert einen Sternenhimmel in die kämpfenden Zentauren. Von draußen hört man die Fontänen rauschen.

Adresse Platz der Republik, 22765 Hamburg-Altona | **ÖPNV** S-Bahn 1, 3, Haltestelle
Altona | **Öffnungszeiten** nach Vereinbarung mit dem Altonaer Stadtarchiv unter
Tel. 040 / 50747224, kontakt@altonaer-stadtarchiv.de | **Tipp** In der Lobuschstraße 39,
500 Meter vom Brunnen entfernt, liegt der Szeneladen »No Pasaran«, einer der ältesten der
Stadt. Unbedingt sehenswert ist der berühmte Fassadenschmuck aus kaputten Fahrrädern.

102 — Die Teestube Lühmann

Keep calm and carry on

Vom Goßlerpark in Blankenese ist es nur ein kleiner Spaziergang nach Cornwall. Schon unter dem Giebel der Teestube Lühmann betritt man England. Im Sommer als blühendes Gartenhaus, in der kalten Jahreszeit als romantischen, warmen Wintergarten. Die Gäste sitzen an antiken dunklen Holztischen unter tief hängenden Zugleuchten, umgeben von Regalen voller Bücher, Topfpflanzen, gläsernen Lampenschirmen und Spitzendeckchen. Man ist atmosphärisch schon im Künstlerkreis Bloomsbury angelangt, bevor mit dem Tee eine echte englische Köstlichkeit auf den kerzenerleuchteten Tisch kommt. Lühmanns hausgemachte Scones sind weiche, luftige Teebrötchen, die wie in England, mit Eiern und süßer Sahne gebacken werden. Sie werden warm mit Butter, Honig oder Konfitüre zum Tee serviert. Unvergesslich schmecken Scones mit Clotted Cream, einem himmlisch süßen, streichfesten Rahm, der bei Lühmanns nach englischem Rezept zubereitet wird.

Familie Lühmanns enge Verbindung zu England hat eine lange Geschichte und begann mit dem familieneigenen Handelsunternehmen für englische Produkte, Naturtextilien, Felle und Wolldecken. Noch heute besitzen die Lühmanns das Alleinvertriebsrecht für »Mitchell's Wool Fat Soap«, eine englische Lanolinseife, die auf Bestellung verschickt oder im Café verkauft wird.

»Lühmann?«, fragen Oberstufenschüler aus Blankenese und Othmarschen und lassen die Autoschlüssel klimpern. Wenn eine Unterrichtsstunde ausfällt, wird die Teestube zum zweiten Wohnzimmer. Auf dem Parkplatz glänzt Golf neben Mini und Vespa, drinnen werden die Tische zusammengerückt. Meistens lässt man die Schule für den Rest des Tages auf sich beruhen. Das Essen schmeckt auch besser als zu Hause, bei Lühmanns kommt seit 20 Jahren nur Bio auf den Tisch. Frisches Gemüse, Käsespezialitäten, verschiedene Getreidesorten und duftende Kräuter werden in der vegetarischen Küche verarbeitet.

Adresse Blankeneser Landstraße 29, 22587 Hamburg-Blankenese | **ÖPNV** S-Bahn 1, Haltestelle S-Bahnhof Blankenese | **Öffnungszeiten** Mo – Sa 9 – 20 Uhr, So 10 – 20 Uhr | **Tipp** Der über 200 Jahre alte Goßlerpark wurde im Stil eines Englischen Gartens angelegt und gehört zu den schönsten Parks von Blankenese.

103 Der Teufel von Dübelsbrück

Für eine Hasenseele und ein dunkles Bier

Große, alte Legenden ranken sich um Hamburg. Bei vielen Hochwasserkatastrophen, die die Stadt heimgesucht haben, konnte nur der Teufel seine Hand im Spiel gehabt haben. Nahe beim Fähranleger Teufelsbrück in Nienstedten mündet das Flüsschen Flottbek in die Elbe. Früher verunglückten dort Fuhrwerke, bis es hieß, da gehe es mit dem Teufel zu. Nach der berühmten Legende von Dübelsbrück schloss der Brückenbauer einen Pakt mit dem Teufel. Zum Lohn dafür, dass er während des Bauens nicht in der Mündung ertränke, versprach er dem Teufel die Seele des ersten Lebewesens, das die neue Brücke überqueren würde. Es war Sache des Pastors gewesen, die Brücke zu segnen und als erster hinüberzugehen. Höllisch wird sich der Teufel auf den grandiosen Fang einer Pfarrerseele gefreut haben. Doch als die Menge jubelte und schrie, scheuchte ihr Lärm einen Hasen auf. Entsetzt suchte der Hase über die neue Teufelsbrücke das Weite und wird dafür seine Seele verloren haben. Seitdem weiß der Teufel nicht mehr, wie der Hase läuft, und ist darüber ziemlich ungehalten, wie man an seinem Gesicht sieht. Er hat seinen Platz an der Elbchaussee beim Wanderweg, unweit der Dübelsbrücker Kajüte. Die Steinfigur für Teufelsbrück wurde 2004 vom Hanse-Viertel und Steinmetz Carl Schütt & Sohn gestiftet.

Nach einer anderen Version war es ein Braumeister, dem immer wieder eine Brücke auf dem Brauereigelände einstürzte, bis ihm der Teufel erschien. Vielleicht wollte der Gehörnte seinen Kummer über die schlechten Geschäfte vergessen und nicht mehr an den Hasen denken. Er versprach dem Brauer, seine Brücke werde für alle Zeiten halten, wenn er dafür ein ordentliches Bier bekäme. So bekam der Teufel das erste »Dübelsbrücker Dunkel«, das er durstig hinunterstürzte. Geschmeckt hat es ihm. Seitdem ziert das Firmenlogo des süffig köstlichen dunklen Biers ein lachender Teufel.

Adresse Elbufer / Teufelsbrück, 22605 Hamburg-Nienstedten | **ÖPNV** Bus 36, Haltestelle Teufelsbrück | **Tipp** Dübelsbrücker Dunkel wird in der »Dübelsbrücker Kajüt« beim Anleger Teufelsbrück frisch gezapft.

104__ Der Tiefbunker am Berliner Tor

Rundgang durch den Kalten Krieg

Wie einen Vogelkäfig aus daumendickem Stahl müsse man sich die Stahlbetonkonstruktion des Tiefbunkers vorstellen, veranschaulicht der Vorsitzende des Vereins unter hamburg e.V. den Bau des Bunkers. Zwei Meter dick sind seine Wände, drei Etagen tief führt er unter die Erde und wurde 1940 nach neunmonatiger Bauzeit fertiggestellt. Der Besucher tritt in eine beklemmende Welt. So karg, so spartanisch ist die Ausstattung des Bunkers, dass es unvorstellbar scheint, hier hätten Menschen und sogar Kinder leben sollen.

Die Einrichtung des Rundbunkers stammt nicht mehr aus der Zeit des Zweiten Weltkriegs, sondern aus den frühen 1960er Jahren, dazu gehört auch das Telefon an der Wand, das unglaubliche 25 Kilogramm wiegt. Während des Zweiten Weltkriegs bot der Bunker auf jeder der drei Etagen 200 Personen Platz. Die planmäßige Aufenthaltsdauer während eines Luftangriffs lag bei etwa vier bis acht Stunden.

Als zu Beginn der 1960er Jahre der Tiefbunker zum Schutz vor atomaren Angriffen umfunktioniert wurde, baute man neue Türen ein, geeignet, dem Druck einer Atombombe standzuhalten. 440 Menschen sollten nach dem Umbau noch Platz finden. Die Temperatur im leeren Bunker liegt bei 9 bis 12 Grad und hätte, wenn er voll besetzt gewesen wäre, auf bis zu 30 Grad ansteigen können. Während der Führung wird die Lüftungsanlage vorgeführt. Auch der riesige Motor, der den Bunker mit Strom versorgt hätte, wird angestellt. Tosender Lärm dröhnt durch die Aufenthaltsräume, man müsste brüllen, um sich zu verständigen.

Es ist heute kaum noch zu glauben, aber geplant war tatsächlich, dass die Insassen des Bunkers 14 Tage nach dem atomaren Angriff dicke Schutzanzüge anziehen und ihr Leben oben in der Stadt wieder aufnehmen sollten.

94 Vorratsbehälter Reinwasser

Adresse Grünfläche Borgfelder Straße, Hotel Berlin, 20537 Hamburg-Borgfelde | **ÖPNV** S-Bahn 31, Haltestelle Berliner Tor | **Öffnungszeiten** Termine für Führungen unter www.unter-hamburg.de, Voranmeldung unter Tel. 040 / 68267560 wird empfohlen, da die Teilnehmerzahl begrenzt ist | **Tipp** Am Anckelmannsplatz 1, vier Minuten vom Bunker entfernt, steht der Berliner Bogen von Hadi Teherani.

105__ Die Torwache Millerntor

St. Paulis kleiner Klassizismus

Mit Torwache Millerntor ist nicht das siegreiche Abwehrspiel der legendären Fußballmannschaft im gleichnamigen Stadion gemeint, sondern ein kleines, offenes Gebäude neben der viel befahrenen Reeperbahn. Hamburgs Stadtbaumeister Carl Ludwig Wimmel baute sie 1819 im klassizistischen Stil als Torwache für das Millerntor, einem der ursprünglich fünf Hamburger Stadttore. Sie gehörten zu einer imposanten, stadtumschließenden Befestigung, die vor Beginn des Dreißigjährigen Krieges von Festungsbaumeister Johan van Valckenburgh zum Schutz der Hansestadt errichtet wurde. Mit mehr als 20 Bastionen und annähernd 300 Kanonen waren die Hamburger Wallanlagen so gut wie uneinnehmbar. Um sie im Angriffsfall noch besser zu verteidigen, wurde vor dem Graben vom Wall her abfallend Erde aufgeschüttet. Diese Glacis machte es Angreifern unmöglich, am Fuß des Festungswalls in Deckung zu gehen. Die einzigen Eingänge in der Befestigungsanlage waren die Stadttore.

Ihre Namen sind heute noch wohlvertraut. An der Westseite der Stadt lagen das Millerntor und das Dammtor, an der Ostseite das Steintor und im Hafen das Sandtor und das Brooktor. Alle fünf Tore wurden zur Sperrstunde geschlossen. Erst nach und nach wurde statt des Torschlusses die Torsperre eingeführt. Danach war es gegen ein Entgelt von acht Schillingen möglich, die Stadttore auch nach der Sperrzeit noch zu passieren. Den Anfang machte 1798 das Steintor, ebenfalls noch vor dem Beginn der Franzosenzeit wurde am Millerntor die neue Regelung eingeführt.

Die kurz vor Schließung der Stadttore einsetzende Eile mag den Begriff »Torschlusspanik« geprägt haben. Nachdem die historische Torwache Millerntor im Laufe der Jahrzehnte zunehmend verfallen war, wurde sie 2004 um 30 Meter vom Straßenrand versetzt, neu platziert und mit Mitteln der Deutschen Stiftung Denkmalschutz, der Denkmalpflege Hamburg und privater Geldgeber von Grund auf restauriert.

Adresse Millerntordamm 2, 20359 Hamburg-Neustadt | **ÖPNV** U-Bahn 3, Haltestelle St. Pauli | **Tipp** Das Mosaik vor dem Eingang des Museums für Hamburgische Geschichte verdeutlicht den Verlauf der alten Hamburger Stadtmauer. Der Millerntordamm führt auf den Holstenwall, nach 200 Metern kommt links das Museum.

106_ Die Trostbrücke

Christliches und kaufmännisches Hamburg

Über den Nikolaifleet verbindet die Trostbrücke Hamburgs Altstadt mit der Neustadt. Mittelalterliche Stadtschreiber erwähnen das erste Mal im Jahr 1266 den pons trostes, benannt nach einem Hamburger Bürger, auf dessen Landeigentum am oberen Nikolaifleet die Brücke errichtet wurde. Ende des 16. Jahrhunderts wurde die ursprüngliche Trostbrücke durch eine steinerne Bogenbrücke ersetzt, die bis zum Großen Brand im Jahr 1842 neben dem alten Rathaus und der Hamburger Börse im Mittelpunkt des damaligen Handelszentrums der Stadt lag.

Als die zerstörte Innenstadt wiederaufgebaut wurde, entstand 1881 die Trostbrücke nach Plänen des Hamburger Baumeisters Franz Andreas Meyer. Mächtig und ehrfurchtgebietend stehen auf Podesten im Brückengeländer als Schutzpatrone die beiden Steinfiguren des Bildhauers Engelbert Peiffer und verkörpern die kirchliche und die kaufmännische Gründung der Hansestadt. Der Heilige Ansgar mit Mitra und Bischofsstab hält die von ihm erbaute Marienkirche in der Hand. Ihm gegenüber steht siegessicher mit Schwert und Schild Graf Adolf III. zu Schauenburg und Holstein, der an der Seite von Kaisern und Königen auf den Kreuzzügen kämpfte. Dem schlachtenerprobten Grafen garantierte Kaiser Friedrich Barbarossa im Mai 1189 als außerordentliches Privileg das Hafenrecht. Bis heute wird dieses Jahr als Geburtsstunde des Hamburger Hafens gefeiert.

Ganz in der Nähe der Trostbrücke erwirkten im Jahr 1558 die Hamburger Kaufleute beim Stadtrat, dem »Ehrbaren Rat dieser guten Stadt Hamburg«, das Recht, sich einen Platz für ihre täglichen Zusammenkünfte herzurichten, womit für die Gründung der Hamburger Börse der Anfang gemacht war, an deren historischem Standort die Commerzbank steht. Gut 100 Jahre darauf ließ sich 1665 am Nikolaifleet die Hamburger Handelskammer, damals noch Commerz-Deputation, als erste deutsche Handelskammer nieder.

Adresse Trostbrücke, 20457 Hamburg-Altstadt | **ÖPNV** U-Bahn 3, Haltestelle Rathaus |
Tipp Trostbrücke 4 steht das Haus der Patriotischen Gesellschaft, hier nach dem Großen
Brand auf den Grundmauern des damals fast 600 Jahre alten Rathauses errichtet.

107 Der View Point

Tyrannosaurus der HafenCity

Von »tierhaften Krananlagen« habe sie sich inspirieren lassen, erläuterte die Hamburger Architektin vor Journalisten mutig ihren 120.000-Euro-Entwurf eines skulpturalen Aussichtsturms von archaischer Animalität. Leidgeprüft von moderner Kunst und Architektenulk im öffentlichen Raum, nähert der Blick sich wachsam dem tierhaften View Point der HafenCity. Und wirklich, er ist's. Unverkennbar der massige Schädel, die furchteinflößenden Zahnreihen, seine schluckgewaltige Halsfalte und – im kruden Gegensatz dazu – die kümmerlichen Ärmchen, auf Brusthöhe an den Körper gezogen.

Seit Juli 2004 bietet das leuchtend orangefarbene Großmaul 25 Touristen auf einmal Platz und aus 13 Metern Höhe einen weiten Blick auf die Bauarbeiten (im HafenCity-Jargon: »Realisierungsfortschritte«). Gespannt verfolgt der Betrachter, ob die märchenhafte Elbphilharmonie vom Elbtraum zum Alptraum wird, aber ein Ende der finanziellen Berg- und Talfahrt mit Baufirma Hochtief ist auch vom View Point aus nicht in Sicht. Dafür sind die ersten Luxuswohnungen bezugsfertig, stolz verweist die HafenCity Hamburg GmbH auf die neuen Gebäude am Dalmannkai. Die Macher sind begeistert, die Hamburger sind es nicht. Kritische Stimmen sprechen von einem »babylonischen Formengewirr der Baustile«, sogar Ole von Beust äußerte bedauernd, die Magellan-Terrassen wirkten selbst im Hochsommer bitterkalt.

Wie aus der Retorte ist die HafenCity entstanden, steril wie die Computeranimationen der Projektplaner. Das käufliche Prestige teurer Apartments und rasant hochgezogener Bürohäuser zieht keine Hamburger, aber finanzstarke Mieter von außerhalb an. Gänzlich unbeeindruckt, welterfahren, vornehm und immer im Hintergrund, verleiht die alte Speicherstadt mit ihren Kontorhäusern und romantischen Fleeten der überspannten HafenCity einen Hintergrund hanseatischer Würde.

Adresse Grandeswerderstraße, 20457 Hamburg-HafenCity | **ÖPNV** Metrobus 6, Haltestelle Marco-Polo-Terrassen | **Tipp** Der weiße schlanke Turm an der Spitze von Baakenhöft ist das Lighthouse Zero mit 230 qm Wohnfläche in zwanzig Metern Höhe.

108 __ Die Villa E 96

Hightech-Barock auf der Elbchaussee

Fragt sich nicht jeder, der über die Elbchaussee fährt, wer wohl in dem höchst ungewöhnlich konstruierten Haus wohnen mag? Handelt es sich um die futuristische Variante von Pippi Langstrumpfs Villa Kunterbunt? Oder um ein Institut für moderne Kunst und Architektur? Auf den ersten Blick wirkt die luftig hohe Konstruktion aus Stahl und Glas mit zitronengelbem Plexiglas und roten Seitenwänden wie ein modernes Kunstwerk. Die Elemente des 1996 fertiggestellten Kunstbaus sind asymmetrisch angeordnet und scheinen umeinander herum zu schweben. Ein wenig erinnert der linke Flügel an einen winkenden Spielzeugroboter, doch das bleibt der Phantasie überlassen.

Zunächst sei verraten, dass niemand dort wohnt, aber jeder hineinkann. Die Villa E (für Elbchaussee) 96 wird vom Hamburger Unternehmen Stoeter & Stoeter für Veranstaltungen vermietet. Der Eigentümer bezeichnet den experimentellen Baustil des Hauses als »poetischen Hightech-Barock« und hat mit einigem Aufwand dafür gesorgt, dass es drinnen genauso stilvoll skurril wie außen aussieht. Edle Materialien wurden auf spielerische Weise verarbeitet, selbst das Parkett ist absichtlich uneinheitlich und wurde aus verschiedenfarbigen Hölzern zu freien Formen verlegt und mit italienischem Mosaik durchbrochen. Wer wagt, gewinnt, und erlaubt ist, was gefällt. Edelstahl, Plexiglas und rote Samtwände ergeben in der Villa E 96 ein harmonisches Ganzes.

Den Glasfußboden mit dem Titel »Himmel und Hölle« gestaltete der auf Mallorca lebende Künstler Diego Arango Arango, der mit seinen leuchtend mediterranen Farben und expressiven Gemälden weltberühmt geworden ist. Die Treppengeländer in der Villa sind aus Glas und von innen beleuchtet. Spiegel in verschiedenen Formen schmücken die Zimmer, nehmen das Licht der großen Fenster auf und scheinen auf spielerische Weise die Mauern und Wände der Villa in Nichts aufzulösen.

Adresse Elbchaussee 96, 22763 Hamburg-Ottensen | **ÖPNV** Bus 36, Haltestelle Susette-straße | **Öffnungszeiten** Anfragen für eine Besichtigung unter Tel. 040 / 18071798 / -99 | **Tipp** In der Elbchaussee 370, fünf Minuten entfernt, steht die Reederei Hammonia, deren Dach als großes Schiff entworfen ist.

109__Das Wandsbeker Gehölz

Dank Wandsbeks erster Bürgerinitiative

Für die Wandsbeker ist das Gehölz ihr Naherholungsgebiet vor der Haustür, doch wenn ihre Vorfahren vor 150 Jahren nicht so mutig gewesen wären, gäbe es den schönen Park heute nicht mehr. Für 230.000 Reichstaler (heute etwa 15 Millionen Euro) erwarb damals J. A. W. von Carstenn das Gelände. Er wollte den alten Park parzellieren und stückchenweise als Baugrund verscherbeln. Für die Wandsbeker war das Gehölz längst ein beliebtes Ausflugsziel. Kein Wunder, dass die Empörung groß war, als dem Park das Ende drohte. Den Plänen von Carstenns traten die Wandsbeker Bürger entschlossen entgegen und zogen ihm einen Strich durch die Rechnung. Gemeinsam retteten sie das Waldstück vor der Abholzung, indem sie es 1860 kurzerhand käuflich erwarben.

Eine glanzvolle Vergangenheit, in der eine Burg und sogar ein Schloss vorkommen, liegt hinter dem Wandsbeker Gehölz. Heinrich Rantzau, Statthalter des Königs von Dänemark, ließ 1564 die Wandesburg errichten. Die Rantzaustraße erinnert an ihn. Seinem Freund, dem Astronomen Tycho Brahe ließ Rantzau ein Observatorium im Burgturm einrichten. Am Wandsbeker Markt stehen zum Gedenken die Büsten Rantzaus und Brahes.

Nach Rantzau wurde Heinrich Carl Graf von Schimmelmann neuer Eigentümer der Burg. Schimmelmann ließ die Wandesburg abreißen und auf ihrem Fundament das Wandsbeker Schloss errichten. Die enormen finanziellen Mittel stammten aus dem Menschenhandel. Graf von Schimmelmann war einer der reichsten Sklavenhändler unter dem dänischen König.

Zugleich war Schimmelmann Herausgeber der Tageszeitung Wandsbecker Bothe und damit Arbeitgeber des Dichters Matthias Claudius (1740 – 1814). Zu dessen 100. Geburtstag wurde im Schlosspark ein Gedenkstein für ihn aufgestellt. Die alte Schreibweise von Wandsbek mit »ck« galt übrigens bis 1877, dann ordnete die preußische Regierung an, das »c« wegzulassen.

Adresse Wandsbeker Gehölz, 22041 Hamburg-Wandsbek | **ÖPNV** U-Bahn 1, Haltestelle Wandsbek Markt | **Tipp** Das Redaktionshaus des Wandsbecker Bothen befand sich in der Wandsbeker Marktstraße 125 in einem Gebäude, das nicht mehr erhalten ist. Heute hat hier das Familienunternehmen Betten-Schwen seinen Firmensitz. Die Gedenktafel wurde gestohlen, ihre Umrisse sind noch erkennbar.

110 Die Wasserkaskaden am Planetarium

Quelle lebendiger Kraft

Hamburgs Planetarium hat als Wasserturm angefangen. Die funkelnden Wasserkaskaden gehören im Sommer zu den schönsten Oasen im Stadtpark. Kinder lieben die breiten Beckenränder zum Balancieren. Wenn mal ein glücklicher Hund ins Wasser springt, regt sich niemand drüber auf, man muss es schließlich nicht mehr trinken. Als Trinkwassertank baute Architekt Oskar Menzel aus Dresden den Wasserturm. Sein Entwurf ist von ruhiger Monumentalität und steht in der Tradition der Hamburger Reformbaukunst.

In dreijähriger Bauzeit wurde der Winterhuder Wasserturm unter der Leitung von Fritz Schumacher erbaut, der zu Ehren des nassen Elements einen schönen Sinnspruch zwischen die Steine über den Eingang mauern ließ. »In ewigem Kreislauf zwischen Himmel und Erde ist das Wasser die Quelle lebendiger Kraft.«

Um die höher gelegenen Stadtbezirke mit Wasser zu versorgen, wurde der Turm für das Netz der Hamburger Hochdruckzone gebaut. Der höchste Wasserstand des Tanks lag in einer Nutzhöhe von 45 Metern. Bis über die heutige Aussichtsterrasse hinaus, die in 42 Metern Höhe liegt, reichte damals der Wasserstand des Turms. Bereits im Jahr 1924 wurde er vom Versorgungsnetz genommen, doch noch jahrelang als Reservetank genutzt. Als Hamburg ein Planetarium bekommen sollte, stimmte die Bürgerschaft 1929 dem Vorschlag zu, den ehemaligen Wasserturm zu neuen Zwecken zu nutzen. Im Frühling 1930 eröffnete das Planetarium.

Vor wenigen Jahren ergab eine Untersuchung, dass die Becken der Brunnenanlage undicht geworden waren und Wasser in die Bausubstanz sickerte. Die Anlage musste stillgelegt, Sockel und Becken gründlich saniert werden. Mit Flüssigbeton wurde der Schacht unter den Becken ausgegossen und abgedichtet, und schon ein Jahr später sprudelten die fünf Wasserkaskaden wieder wie früher.

Adresse Hindenburgstraße 1b, Stadtpark, 22303 Hamburg-Winterhude | **ÖPNV** Bus 20, Haltestelle Jahnring | **Tipp** Die »Badenden Frauen« (Muschelkalk, 1927) von Georg Kolbe (1877 – 1947) am oberen Eingang der großen Festwiese sind sehenswert.

111 Das Wolfgang-Borchert-Zimmer

»Dieses über uns verhängte Verhängnis«

Vor dem Krieg wollte er Schauspieler werden, doch im Krieg wurde er Kabarettist. Wegen seiner übermütigen Parodie auf Joseph Goebbels saß Borchert im Gefängnis. Mit 20 Jahren an die russische Front geschickt, überlebte er die deutsche Offensive bei Temperaturen von 40 Grad unter Null. Kurz vor der Kapitulation geriet er in Kriegsgefangenschaft. Ihm gelang die Flucht. Halb verhungert und von Fieberanfällen geschüttelt, machte Borchert sich auf den Weg nach Hamburg und kam unheilbar krank zu Hause an.

Der Krieg ließ den schönen jungen Mann nicht mehr zurück ins Leben. Zwischen seiner Heimkehr und dem frühen Tod in Basel blieben Wolfgang Borchert zweieinhalb gedrängte Schaffensjahre, in denen er wie atemlos schrieb. Unter dem Eindruck der Kriegserlebnisse begann er im Krankenbett die Arbeit an seinem Werk. Das berühmte Gedicht »Dann gibt es nur eins!« hat sein Biograph Peter Rühmkorf eine »Kampfansage an den Krieg« genannt.

Das Wolfgang-Borchert-Archiv der Staats- und Universitätsbibliothek verwahrt nicht nur den Nachlass des Hamburger Dichters, sondern hat im Altbau ein unvergessliches Museumszimmer eingerichtet. Hier stehen Borcherts Schreibtisch, seine Lieblingsdinge, seine Bibliothek, Fotografien und Zeichnungen, die ihm gehörten. Die alte Porzellanuhr aus der Küche hat einen Sprung bekommen. Den blauen Wollhandschuh hat ihm seine Mutter für die Front gestrickt; er hat den zweiten im Krieg verloren.

1976 wurde das Wolfgang-Borchert-Archiv der Universitätsbibliothek von der Mutter des Dichters übergeben. Zum Geburtshaus Borcherts in der Tarpenbekstraße 82 ist es von der Uni aus nicht weit. Im dritten Stock wurde er als einziges Kind seiner Eltern geboren. Mit vierzehn sagte er: »Ihr werdet euch noch alle wundern. Hier kommt noch mal eine Plakette ans Haus.« Borchert behielt recht.

Adresse Von-Melle-Park 3, Altbau, Raum 208, 20146 Hamburg-Rotherbaum | **ÖPNV**
Metrobus 5, Haltestelle Staatsbibliothek | **Öffnungszeiten** Mi 13 – 15 Uhr | **Tipp** Gegen-
über dem Altbau, im Philosophenturm, hängt im Hörsaal D das Triptychon »Thermopylae«
von Oskar Kokoschka. Der Hörsaal ist tagsüber geöffnet.

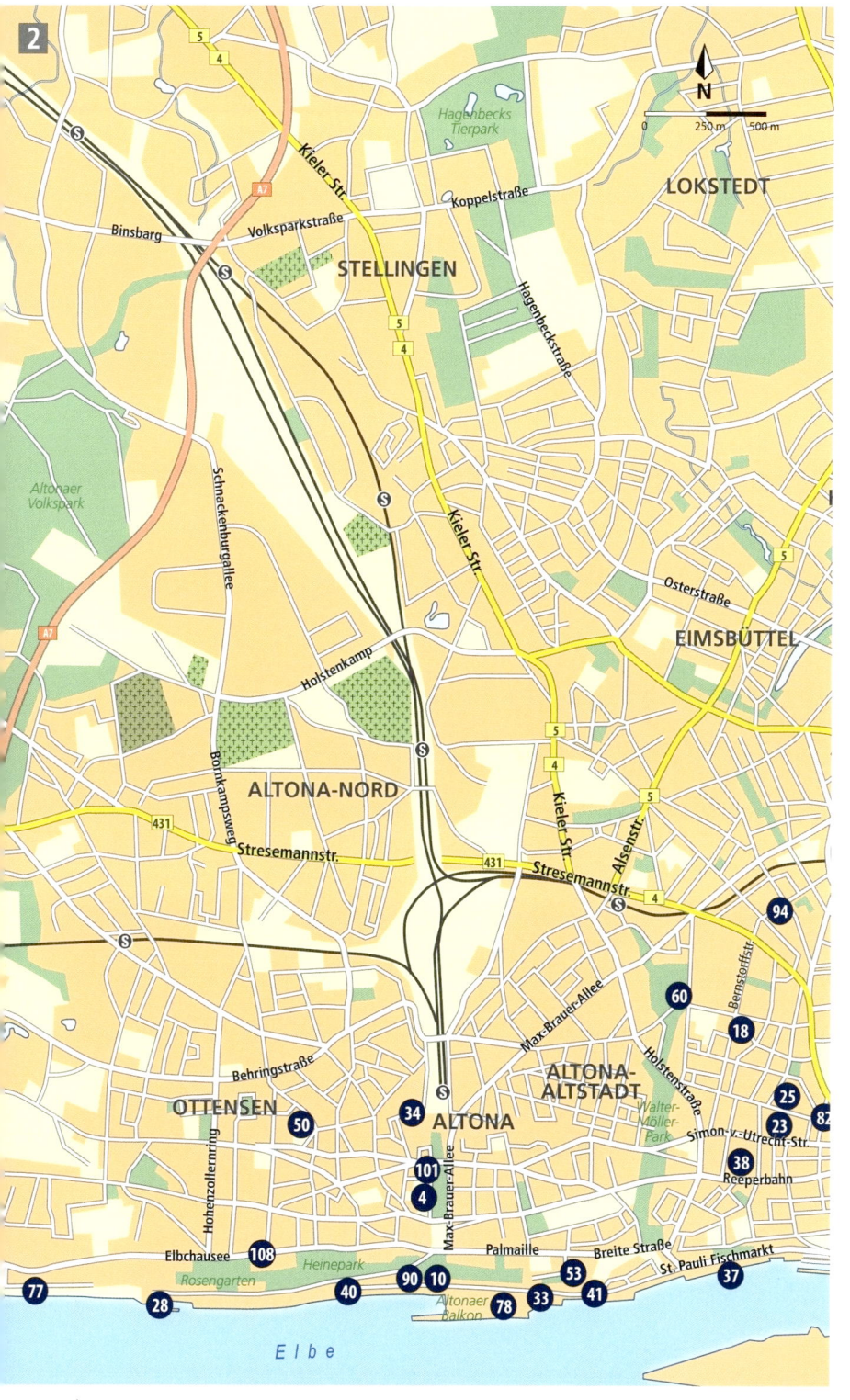

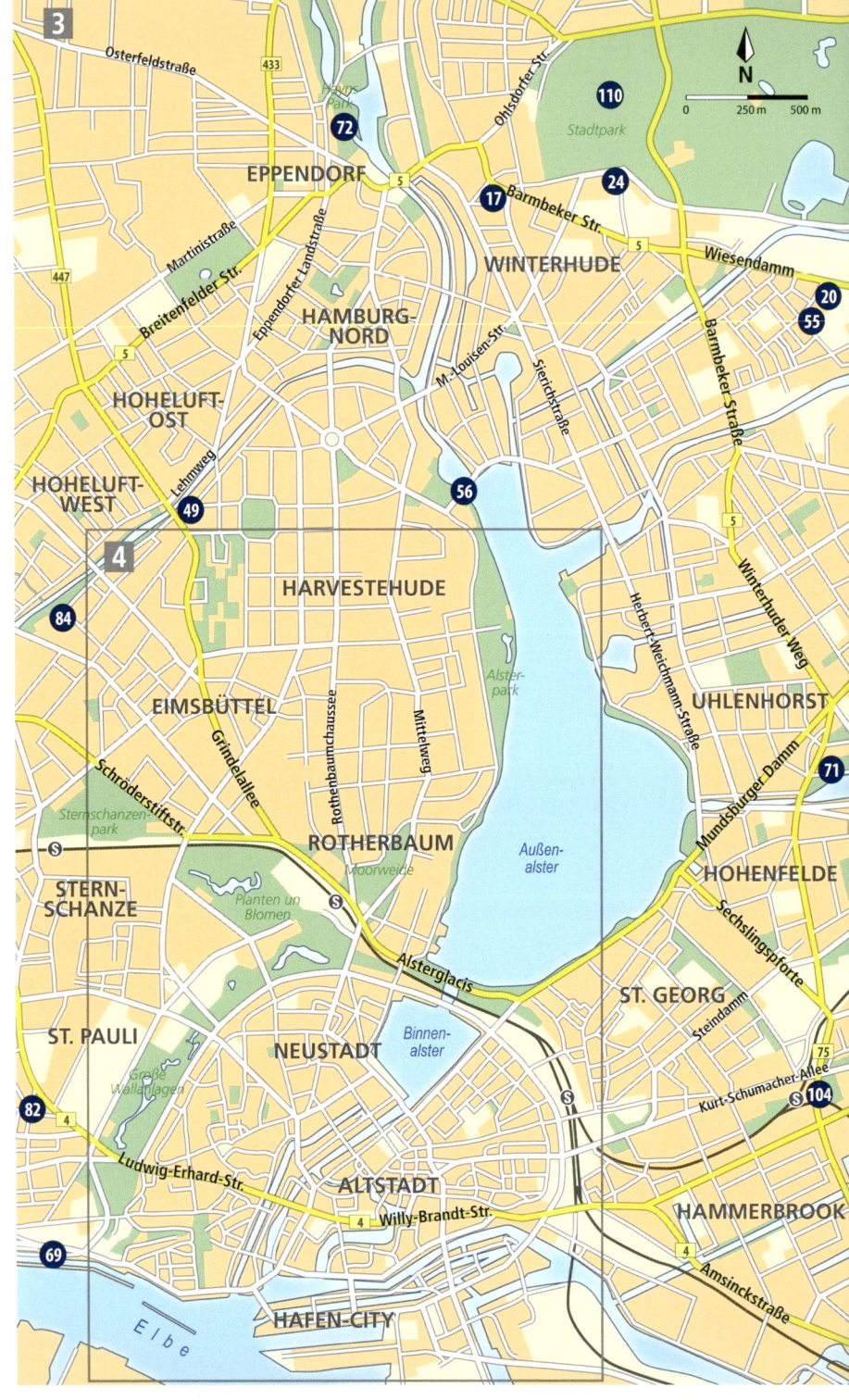

Carsten Henn
**111 deutsche Weine, die
man getrunken haben muss**
ISBN 978-3-89705-849-1

Rüdiger Liedtke
**111 Orte auf Mallorca, die
man gesehen haben muss**
ISBN 978-3-89705-975-7

Sybil Canac,
Renée Grimaud, Katia Thomas
**111 Orte in Paris, die man
gesehen haben muss**
ISBN 978-3-95451-847-0

Alexandra und Jobst Schlennstedt
**111 Orte an der Ostseeküste,
die man gesehen haben muss**
ISBN 978-3-89705-824-8

Lucia Jay von Seldeneck,
Carolin Huder, Verena Eidel
**111 Orte in Berlin, die
man gesehen haben muss**
ISBN 978-3-89705-853-8

Cornelia Kuhnert
**111 Orte in Hannover, die
man gesehen haben muss**
ISBN 978-3-95451-086-3

René Förder
**111 Orte in Sachsen-Anhalt, die
man gesehen haben muss**
ISBN 978-3-89705-911-5

Gabriele Kalmbach
**111 Orte in Dresden, die
man gesehen haben muss**
ISBN 978-3-89705-909-2

Oliver Schröter
**111 Orte in Leipzig, die
man gesehen haben muss**
ISBN 978-3-89705-910-8

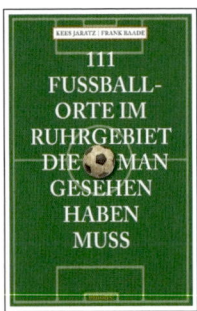

Ralf Koss und Frank Baade
111 Fußballorte im Ruhrgebiet, die man gesehen haben muss
ISBN 978-3-89705-929-0

Fabian Pasalk
111 Orte im Ruhrgebiet, die man gesehen haben muss
ISBN 978-3-89705-814-9

Christina Kuhn und Katrin Höller
111 Orte Südwestfalen, die man gesehen haben muss
ISBN 978-3-89705-926-9

Peter Eickhoff
111 Orte am Niederrhein, die man gesehen haben muss
ISBN 978-3-89705-815-6

Peter Eickhoff
111 Düsseldorfer Orte, die man gesehen haben muss
ISBN 978-3-89705-699-2

Alexander Barth
111 Orte in Aachen und der Euregio, die man gesehen haben muss
ISBN 978-3-89705-931-3

René Förder
111 Orte in Sachsen-Anhalt, die man gesehen haben muss
ISBN 978-3-89705-911-5

Bernd Imgrund
111 Kölner Orte, die man gesehen haben muss
Band 2
ISBN 978-3-89705-695-4

Bernd Imgrund
111 Orte im Kölner Umland, die man gesehen haben muss
ISBN 978-3-89705-777-7

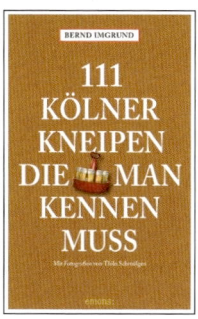

Bernd Imgrund
**111 Kölner Kneipen,
die man kennen muss**
ISBN 978-3-89705-838-5

Peter Gitzinger
**111 Orte im Saarland, die
man gesehen haben muss**
Band 1
ISBN 978-3-89705-709-8

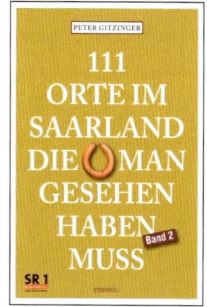

Peter Gitzinger
**111 Orte im Saarland, die
man gesehen haben muss**
Band 2
ISBN 978-3-89705-886-6

Gertrud und Joachim Steiger
**111 Orte im Odenwald, Spessart
und an der Bergstraße, die man
gesehen haben muss**
ISBN 978-3-89705-945-0

Thomas Baumann
**111 Orte in der Kurpfalz, die
man gesehen haben muss**
ISBN 978-3-89705-891-0

Daniela Bianca Gierok
und Ralf H. Dorweiler
**111 Orte im Schwarzwald, die
man gesehen haben muss**
ISBN 978-3-89705-950-4

Lust auf mehr? Laden Sie sich
die »LChoice«-App runter, scannen
Sie den QR-Code und bestellen
Sie weitere Bücher direkt in Ihrer
Buchhandlung.

Mein besonderer Dank gilt

Martina und Thomas Wendt, Anne von Berg, Sophie Ehrlich, Ada Isensee, Harald Vieth (Autor des Buches »Hamburger Sehenswürdigkeiten:
Bäume«), Herrn Hirschfeld (Vorstand Architekten- und Ingenieurver-
band Hamburg), Herrn Baues (Architekturarchiv Hamburg), Frau Died-
richsen und Herrn Dall (Heinrich-Hertz-Schule), Herrn Rossig (Erster
Vorsitzender des Vereins unter hamburg e.V.), Herrn Vacano (Vorstand
Altonaer Stadtarchiv e.V.) und Kapitän Römer (Hafenlotsenbrüder-
schaft)

Die Autorin und Fotografin

Rike Wolf, 1980 in Hamburg geboren, stu-
dierte Literatur- und Filmwissenschaften. Sie
arbeitet als Autorin, Journalistin und Lekto-
rin, hat an verschiedenen Drehbüchern mit-
gewirkt und schrieb den Kinderroman »Par-
tus und die Zettelkatzen«.
rikewolf.jimdo.com